Alexandra Köhler

Echte Nähe zum Kind

AF567937

Alexandra Köhler

Echte Nähe zum Kind

Wie Eltern zu ihren eigenen Gefühlen finden und so ein **harmonisches Familienleben** ermöglichen

Kösel

Sollte diese Publikation Links auf Webseiten Dritter enthalten, so übernehmen wir für deren Inhalte keine Haftung, da wir uns diese nicht zu eigen machen, sondern lediglich auf deren Stand zum Zeitpunkt der Erstveröffentlichung verweisen.

Alle im Buch vorkommenden Personen und Einrichtungen wurden zur Wahrung des Persönlichkeitsrechts verfremdet. Jede Ähnlichkeit mit lebenden oder toten Personen sowie Einrichtungen ist rein zufällig und in keiner Weise beabsichtigt.

Penguin Random House Verlagsgruppe FSC® N001967

2. Auflage 2022
Copyright © 2022 Kösel-Verlag, München,
in der Penguin Random House Verlagsgruppe GmbH,
Neumarkter Str. 28, 81673 München
Umschlag: Weiss Werkstatt München
Umschlagmotiv: © Martin Novak / Shutterstock.com
Redaktion: Cordula Hubert, Olching
Satz: Satzwerk Huber, Germering
Druck und Bindung: CPI books GmbH, Leck
Printed in Germany
ISBN 978-3-466-31176-7
www.koesel.de

Für Lena, Nick und Phil.
Danke für eure Geduld mit mir.

Inhalt

Über dieses Buch

Erziehung ist nicht die Anzahl der »Jas« oder »Neins« zum nächsten Eis. Sie hängt nicht davon ab, wie streng, unerzogen oder bedürfnisorientiert du bist. Das eigentliche Dilemma der Erziehung besteht darin, deinem Kind ungefragt deine unbewussten Muster überzustülpen und dir gleichzeitig von deinem Kind ein bestimmtes Verhalten zu wünschen. Aus Erziehung wird erst dann authentische Beziehung, wenn du dich von der unbewussten Wirkung deiner eigenen Erziehung löst und damit die Trennung von deiner Intuition aufhebst.

Wenn du dieses Buch in den Händen hältst, dann setzt du dich vermutlich schon länger mit Erziehungsthemen auseinander und hast den hohen Anspruch an dich, dein Kind liebevoll, zugewandt und auf Augenhöhe zu begleiten. Du wünschst dir, dass dein Kind stark, voller Selbstvertrauen und ohne größere Katastrophen in sein Leben startet und ihr eine vertrauensvolle und innige Beziehung pflegt, die sich auch im Erwachsenenalter fortsetzt.

Und vielleicht bist du auch schon den großen und kleinen Stolperfallen in dieser Beziehung begegnet oder gar in sie hineingeraten? Deine Ansprüche, die Neins deines Kindes, die Haltung deines Partners oder deine eigenen Grenzen.

Irgendwann hast du festgestellt, dass sich zwischen deinem Wunsch vom Zusammenleben mit deinem Kind und der Realität, in der du dich in deinem Alltag wiederfindest, eine Lücke aufgetan hat. In dieser Lücke, manchmal ist es sogar eine Kluft, bist du ratlos, hilflos, verunsichert oder überfordert. Du stehst vielleicht zu oft mit schlechter Laune auf, bist müde und abgekämpft oder streitest dich zu viel. Vielleicht ertappst du dich auch dabei, einfach immer wieder zu viel zu tun zu haben, dich nicht mehr richtig entspannen zu können oder einfach immer zu wenig Zeit zu haben. Und Nerven. Und Energie.

Anstrengend ist das Familienleben, zu viel »Müssen«, zu wenig »Können«, ein bisschen bunter und freier könnte es sein. Und dennoch: Auch mit dieser Kluft liebst du dein Kind und das Leben mit ihm über alles. Du kannst gleichzeitig völlig entnervt sein und überfließen vor Liebe.

In diesem Buch begegnest du dieser Kluft und deiner Intuition, die genau darin wohnt. Und deshalb ist dieses Buch anders als das, was du von einem Erziehungsratgeber bisher zu erwarten hattest. Du ahnst vielleicht nun schon, wieso ich mir erlaube, dich zu duzen. Wir werden uns noch näherkommen, und ein »Sie« würde unserer Beziehung am Ende des Buches nicht mehr gerecht werden.

Bisherige Erziehungsratgeber setzen am Verhalten des Kindes an und fragen danach, was du tun musst, damit dein Kind sich oder sein Verhalten ändert. Sie geben Handlungsempfehlungen, wie du in der nächsten heiklen Situation mit deinem Kind reagieren könntest, die du dann aus dir (noch) unerklärlichen Gründen im entsprechenden Moment sowieso nicht umsetzen kannst. Dieses Buch geht den umgekehrten Weg. Du liest hier nicht, was du im Umgang mit deinem Kind zu tun oder zu lassen hast, um ein guter Elternteil zu sein, und es möchte dir keine Handlung empfehlen, ohne dass du weißt, wieso du so oft nicht tun kannst, was du eigentlich tun möchtest. Dieses Buch deckt die Ursache für die Schwierigkeiten zwischen euch auf und wird dich dabei begleiten, diese Hindernisse genau dort zu lösen, wo sie entstanden sind: in deiner eigenen Bindung.

Dieses Buch wird dir nicht verraten, wie du handeln musst, um eine gute Beziehung zu deinem Kind zu pflegen, aber es wird dich auffordern und anleiten, all das aufzulösen, was der Beantwortung dieser Frage und damit der guten Beziehung zu ihm im Weg steht.

Mit diesem Buch will ich nicht deinen Kopf bemühen, der ohnehin schon weiß, was gut ist für dein Kind. Schließlich hast du das schon 100-mal gelesen und schon 101-mal versucht, es umzusetzen. Dieses Buch will dein Herz berühren und etwas in dir zum Klingen bringen, das du sowieso schon in dir trägst: all die innere Wahrheit für den Umgang mit deinem Kind, auf die du nur manchmal nicht zugreifen kannst und nach der du dich so sehr sehnst. Es hat keinen Anspruch auf Vollständigkeit und Richtigkeit und es ist kein Buch, über das man nachdenkt, sondern eins, dem man nachspürt.

Es möchte dich dabei unterstützen, die Frage danach, was du nun *tun* sollst, aus deinem Kopf zu streichen. Stattdessen wirst du Antworten auf die Frage finden, was du *denken* und *fühlen* musst, um der Elternteil zu sein, der du immer schon sein wolltest. Nebenbei wirst du Antworten finden, zu denen du vielleicht noch gar keine Frage gestellt hast, wirst die gefundenen Antworten vielleicht zuerst verfluchen und danach nie mehr missen wollen, denn sie stellen die tiefe, bedingungslose und echte Nähe zu deinem Kind her, die du dir jetzt noch so sehr für euch wünschst.

Dieses Buch wird unsichtbar in deiner Hosentasche stecken, wann immer du es brauchst: im nächsten Machtkampf, bei der nächsten schlechten Zensur, beim nächsten Wutanfall, in deinem nächsten Anflug von Sorge und Verzweiflung – als deine Intuition.

Du wirst zurückfinden in deine Haltung als der perfekt-unperfekte Elternteil für dein Kind und dich lösen können von all dem, was du bisher für Intuition hieltest, was am Ende aber nur eine unaufgeräumte Folge deiner eigenen Prägung war und dir deshalb als »Bauchgefühl« in der Beziehung zu deinem Kind im Weg stand.

Mit diesem Buch kann es dir gelingen, die innere Haltung zu gewinnen, die dir ganz und gar entspricht, denn die brauchst du, um authentisch zu handeln, weil Handlung nur dann zum Erfolg und der gewünschten Beziehung führt, wenn deine Haltung zu deiner Handlung passt.

Dieses Buch liefert dir eine Schritt-für-Schritt-Anleitung, deine Haltung dir selbst anzupassen und so nachhaltig das Leben mit deinem Kind zu leben, das du dir eigentlich gewünscht hast. Erst dann musst du dich nicht mehr fragen, was du tun sollst, weil du längst weißt, was es braucht. Und dann handelst du. Neu, intuitiv und entsprechend der Haltung, die zu dir und deinem Kind passt, weil sie euch als Familie entspricht, nicht deiner Mutter, dem Lehrer oder der Nachbarin.

Und in den Momenten, in denen du es dann doch nicht weißt, ist es für dich nicht mehr dramatisch, weil du dich längst als fehlbar akzeptiert hast und weil es dir ganz nebenbei gelungen ist, dich von den Bedingungen zu befreien, die versehentlich an deine eigene Bindung geknüpft waren.

Während dein Kind nur sich selbst gehört, ist es doch so sehr angewiesen auf die Beziehung zu dir. Also löse auf, was der guten Beziehung zu deinem Kind im Weg steht, und mache eure sehr kurze gemeinsame Zeit zum Abenteuer. Entdecke, was du bisher an dir und in deinem (Familien-)Leben verpasst hast.

Aber Vorsicht: Dieses Buch könnte nicht nur nachhaltig die Beziehung zu deinem Kind verbessern, sondern gleich alle deine Beziehungen. Am meisten jedoch die Beziehung zu dir selbst und damit dein Leben mit dir selbst.

In jedem Kapitel stelle ich dir zunächst meine theoretischen Überlegungen zu den betreffenden Aspekten vor. Danach wird es mit Fallbeispielen aus meiner Praxis konkret. Und schließlich kannst du selbst aktiv werden: Am Ende eines jeden Kapitels stelle ich dir »To-feels« vor, mit denen du dich auf deine eigene Reise begeben kannst. (Ich bin kein Fan von To-dos ohne Gefühl und hoffe, im Laufe des Buches verstehst du, warum.) Für diese »To-feels« legst du dir am besten ein kleines Büchlein oder Heft zu, das du extra für diesen besonderen Anlass besorgst und in dem du all deine Erkenntnisse notieren kannst, die du auf der Reise mit diesem Buch sammeln wirst. Sie werden der sichtbar gewordene Weg in deine intuitive Haltung sein. Der Weg zurück zu dir und in echte und authentische Beziehung zu deinem Kind, für eine echte Nähe.

Ich freue mich auf unsere Reise!

Die Beziehungskluft

Wunsch vs. Realität

Das Dilemma der heutigen Eltern besteht darin, das Beste für ihr Kind zu wollen, ohne darauf zu vertrauen, dass das Beste bereits in ihm vorhanden ist und sich entfalten will.

Es liegt außerhalb deiner Kontrolle, wer dein Kind ist und wie sein Leben verlaufen wird, aber du entscheidest darüber, was es über sein Leben lernt. Du kannst dich entweder von dieser Erkenntnis lähmen lassen oder die gewaltige Chance darin erkennen und darüber entscheiden, was es im Gepäck hat, um diesem Leben zu begegnen. Lass uns dieser Aussage behutsam und achtsam näher treten, auch wenn du ihren mächtigen Auswirkungen im Alltag längst begegnet bist.

Elternwünsche: »Ich will doch nur das Beste«

Manchmal bedaure ich, dass es unmöglich bleibt, frische Eltern mit der Gelassenheit und Abgeklärtheit der Eltern auszustatten, die bereits ein oder zwei Kinder in ihr Erwachsenenleben hineinbegleitet haben. Sie würden dann zu einem frühen Zeitpunkt, nämlich wenn die Kinder noch sehr klein sind, über die wahren Elternschätze verfügen – was wäre das für ein Geschenk: über all jene Geheimnisse Bescheid zu wissen, die sie sich ansonsten im Laufe eines Elternlebens mühsam aneignen müssen, indem sie jeden »Fehler« im Umgang mit dem Kind einmal begehen, manchmal bereuen und daraus lernen, um ihn dann in der nächsten Situation zu umschiffen. Sie wüssten dann, dass eine gute Beziehung zum eigenen Kind nicht darin besteht, alles richtig zu machen, sondern dass es bedeutet, eine Beziehung zu haben, die ihre Fehler aushält.

Ich wünschte, alle jungen Eltern könnten von Tag eins ihrer Elternschaft an das Vertrauen in sich und ihre Kinder aufbringen, das es braucht, um die gemeinsame Reise zu einem Abenteuer zu machen. Dann könnten sie diese Reise genießen, ohne den begleitenden und stressenden Wunsch, »richtig« und komfortabel und ohne größere Katastrophen und Zwischenfälle zu reisen. Sie würden sich vermutlich erheblich weniger unsicher, schuldig oder überfordert fühlen, sondern gelassen und entspannt und voller Freude über das gemeinsame Erleben, weil sie wüssten, dass es Jahre braucht, um eine innige und vertrauensvolle Beziehung aufzubauen, und dass es einer Menge Fehler und innerer Bereitschaft zum Irrtum bedarf, um am Ende als Team in dieselbe Richtung zu blicken. Eltern wüssten dann, dass die größte gemeinsame Aufgabe darin bestehen wird, einander zu verzeihen, dass der andere nur ist, wer er ist, und niemals, wer er sein soll. So könnten sie einfach früher die echte Nähe zum Kind aufbauen und das Kind würde ein Leben lang von dieser Beziehung zehren.

Wahrscheinlich bist du mit schwerem Gepäck in dieses Experiment gestartet: mit hehren Zielen, großartigen Vorhaben und jeder Menge gutgemeinter Absichten. Vielleicht war dein Rucksack prall gefüllt mit guten Wünschen an das Zusammenleben: Spaß soll es machen, harmonisch soll es sein, entspannt wollt ihr miteinander umgehen, zugewandt und freundlich und immer bereit, Konflikte anzusprechen und zu klären. Die größten Sehnsüchte aber gehen an dein Kind. Für das Wertvollste in deinem Leben wünschst du dir nur das Beste: stark möge es werden, sozial integriert, leistungsbereit, zufrieden und voller Selbstvertrauen soll es einmal ins Leben starten. Vielleicht möchtest du das alles auch einfach »besser« machen, als deine Eltern es konnten, und hast dir vorgenommen, deine eigenen, oft schmerzhaften Erfahrungen im Umgang mit deinem Kind keinesfalls zu wiederholen. Dann wälzt du Literatur und weißt theoretisch genau, wie das mit der Erziehung funktioniert. Du gibst einfach zu jedem Zeitpunkt dein Bestes, auch über deine Belastungsgrenzen hinaus, denn dein Wunsch, dein Kind so zu begleiten, dass es zu einem glücklichen Erwachsenen heranwachsen kann, ist riesig, und er trägt dich.

Durch die guten Tage trägt er dich mühelos. An den schlechten Tagen begegnest du deinem Kind in der ganzen Pracht seiner Persönlichkeit. Du begegnest dir in deinem Kind.

Fallbeispiel: Lasse und Maren (1)

Ich erinnere mich noch gut an Maren. Maren war zum Zeitpunkt unserer Zusammenarbeit Anfang 40, verheiratet, Lehrerin und bemühte Mutter des 10-jährigen Lasse. Lasse stand am Übertritt zur weiterführenden Schule und litt seit einem Magen-Darm-Infekt vor einem Jahr in bestimmten Situationen unter Übelkeit und Erbrechen. Maren war verzweifelt, denn sie hatte sich für Lasse so sehr Stärke und Selbstvertrauen gewünscht, weil doch das die elementaren Zutaten für die Zufriedenheit in seinem Leben seien. Nun musste sie zusehen, wie er seinen Attacken zunehmend ausgeliefert war und sich immer weniger zutraute. Der neue Schulweg, der ihn nach den Sommerferien mit Bus und Bahn durch eine Großstadt führen sollte, war für ihn nicht zu bewältigen. Im Laufe unserer kurzen Zusammenarbeit stellte sich schnell heraus, dass Lasses Attacken in direktem Bezug zu einem Gefühl der Überforderung standen. Wann immer Maren der Meinung war, dass Lasse sich etwas zutrauen können sollte – einen Weg alleine zurücklegen, an einer Ferienveranstaltung teilnehmen –, stieg Lasse aus. Übelkeit und Erbrechen stellten sich ein und wurden unbewusst zu seinen Helfern, dem Gefühl der Überforderung zu entkommen. Gleichzeitig litt er unter diesem sich immer wiederholenden Ablauf, weil er sich zunehmend überfordert und auch bisher alltäglichen Situationen immer weniger gewachsen fühlte.

Marens Wunsch, Lasse mit Selbstvertrauen auszustatten, indem er sich seinem Alter angemessen neuen und unbekannten Situationen stellte, war völlig legitim und nachvollziehbar und ging dennoch nicht auf. Maren musste sich erst darüber klar werden, dass nicht sie vorgeben konnte, wie schnell ihr Sohn sich dem Leben und seinen Anforderungen zu stellen hat. Stattdessen sind die Grenzen ihres Sohnes der Maßstab dafür, Entdeckungen zu wagen. Nachdem Maren dies erkannt hatte, brauchte Lasse die belastende Symptomatik nicht mehr. Als sehr feinfühliger und introvertierter Junge brauchte er zur Entwicklung seines Selbstvertrauens das Gefühl, dass Maren ihm dabei vertraute. In dem Maße, in dem es seiner Mutter gelang, dieses Vertrauen zu entwickeln, konnte er sich fortan in seinem Tempo unbekannten Situationen aussetzen. Übelkeit und Erbrechen tauchten nicht mehr auf und den Schulweg bewältigte er neben vielen neuen Herausforderungen schnell spielend.

✓ *To-feel: Notiere deine Wünsche*

Das Beste für dein Kind zu wollen ist legitim. Was das Beste ist, entscheidet es idealerweise selbst. Dennoch ist es wichtig, dass du dir einmal bewusst machst, was dir besonders am Herzen liegt. Bitte notiere heute deine drei eindringlichsten Wünsche für dein Kind. Du kannst dich an den folgenden Fragen orientieren: Was ist dir besonders wichtig in eurer gemeinsamen Zeit? Was soll dein Kind von dir lernen? Was möchtest du ihm mitgeben auf dem Weg in sein Leben? Welche Werte soll es im Gepäck haben? Was wünschst du dir für sein Leben? Welchen Fehler möchtest du dabei keinesfalls begehen und was wäre, wenn du es doch tätest?

Elternrealität: »Was machen wir falsch?«

Wenn du dieses Buch liest, hast du sicherlich längst die Welt der guten Wünsche verlassen und bist in der Elternrealität angekommen, in dem Teil eures Familienlebens, der deine guten Wünsche immerzu torpediert. Du weißt schon: der Kampf um Zähneputzen und Hausaufgaben; die Ansprüche von Schule und Gesellschaft; deine inneren Antreiber, die Perfektion von dir verlangen und dich zu oft zu gestresst sein lassen, um zu sein; deine Sorge um die Entwicklung deines Kindes und all die Unsicherheit, die daraus entsteht. Längst kannst du nicht mehr jedes Gefühl deines Kindes optimal begleiten, nicht mehr jeden Konflikt nachhaltig lösen, dein Kind nicht mehr in jeder Phase seiner Entwicklung erreichen oder gar beschützen.

Während du also versuchst, allen Anforderungen deines Alltags gerecht zu werden und auftauchende pädagogische Herausforderungen zu bewältigen, dein Kind abwechselnd mit Engelszungen besingst oder es lautstark zur Erledigung der Hausaufgaben auffordерst, schleichen sich leise Zweifel in deinen Alltag: Soll das alles so sein? Handhabst du das richtig? Solltest du konsequenter sein? Oder weniger streng? Hat der Teil der Familie doch recht, der behauptet, dein Kind würde dir bald auf der Nase herumtanzen?

Du zermarterst dir das Hirn über der Frage, warum dein Kind eine bestimmte Sache, die es unterlassen soll, immer wieder tut, und eine andere, die du von ihm einforderst, konsequent liegen lässt. Du verstehst nicht, wo die Leichtigkeit und der Spaß geblieben sind und wieso ihr alle so viel miteinander kämpft oder zu wenig redet, lacht und das Leben genießt. Du wünschst dir Klarheit und es fehlt doch der Durchblick. Du wünschst dir Leichtigkeit und zu oft ist einfach alles nur anstrengend. Du wünschst dir Nähe und Unterstützung und fühlst dich doch oft allein und überfordert. Du wünschst dir ein bestimmtes Verhalten deines Kindes und wirst einfach nicht gehört. Du hast eine klare Vorstellung davon, wie euer gemeinsames Leben aussehen soll – aber in der Realität, in der du dich gerade befindest, bis du zu oft zu weit davon entfernt. Wie ist das möglich?

Fallbeispiel: Lasse und Maren (2)

Lass uns nochmals einen Blick auf Maren und Lasse werfen. Maren wusste sehr genau, wie wichtig es für die Entwicklung des Selbstvertrauens von Kindern ist, sich auszuprobieren und neue Herausforderungen zu bewältigen. Auf diese Weise entwickelt sich Selbstwirksamkeit – eine wichtige Zutat für das Vertrauen eines Menschen in sich und die Welt. Maren selbst war es schon immer schwergefallen, darauf zu vertrauen, dass die Dinge sich auch ohne ihr Zutun gut entwickeln würden. Daher wollte sie unbewusst Lasse davor bewahren, sich und der Welt nicht ausreichend zu vertrauen. Sie wollte ihn mit der Entwicklung eines gesunden Selbstvertrauens stärken, weil sie selbst unter diesem Mangel litt, ohne sich dessen bewusst zu sein. Lasses langsamer Zugang zu allem Neuen und Unbekannten verursachte in Maren Zweifel und Ängste. Ohne es zu wollen, übertrug sie diese Ängste auf Lasse, gerade weil sie ihn dazu aufforderte, sich ihnen zu stellen. Sein Selbstvertrauen konnte sich nur deshalb nicht regelrecht entwickeln, weil sie dort ermutigend und auffordernd auf Lasse einwirkte, wo sie befürchtete, dass er es nicht entwickeln könnte. Wie sollte er sich in dieser Hinsicht vertrauen lernen, wenn seine Mutter ihm nicht vertraute und die Grenzen seiner eigenen Belastbarkeit aus eigener Sorge nicht geachtet wurden?

Du kannst dir vermutlich vorstellen, wie anstrengend sich der Alltag der beiden gestaltete, bis ihnen beiden bewusst war, worin genau die wirkliche Ursache für ihre Konflikte und Marens Ängste bestand. Ihre besten Wünsche für Lasse hatten mit der erlebten Lebensrealität nicht mehr viel gemeinsam, denn die war geprägt von Sorge und Hilflosigkeit. Es war an Maren, herauszufinden, wie sie in diese Kluft zwischen Wunsch und Realität geraten war. Zu erkennen, dass ihre eigene Angst dazu führte, Lasse zu überfordern, veränderte ihre Haltung gegenüber ihren Ansprüchen an Lasse. Sie konnte ihn lassen und er konnte sich trauen.

✓ *To-feel: Mache eine Bestandsaufnahme*

Notiere die Realität, in der du dich gerade mit deinem Kind und in deiner Familie befindest. Was genau sind deine Sorgen, deine unausgesprochenen Ängste und deine Befürchtungen im Hinblick auf dein Kind und euer Zusammenleben als Eltern? Was an deiner Lebensrealität verursacht bei dir Anspannung und Stress und ist manchmal einfach zum Davonlaufen? In welcher Kluft zwischen

Wunsch und Realität befindest du dich in deinen Gedanken und Gefühlen und vor allem: Welchen guten Grund hast du, daran festzuhalten? Was glaubst du, brauchst du, um diese Kluft zu überwinden?

Auf Ursachensuche

Als Eltern müssen wir unseren Kindern die Welt erklären, während wir selbst nicht wissen, wie wir in ihr funktionieren, und das zumeist nicht mal bemerken. Wie soll das gehen?

Fehlende Vorbilder: Wie geht eigentlich Beziehung?

Woher hast du eigentlich deine Kenntnisse über Beziehung? Ernsthaft, woher weißt du all das, was du über Beziehung, Liebe und Nähe weißt? Wieso wählst du Beziehung vor Erziehung, woher weißt du, wann du wie viel Nähe oder Distanz benötigst, und wie klärst du Konflikte in deinen Beziehungen? Ich spreche hier explizit von Beziehungen jeder Art, denn die Beziehung zu deinem Kind folgt keinem großartig anderen Muster als jene zu deinem Partner, deiner Mutter oder dir selbst. Woher weißt du, wie Beziehung für dich und dein Kind funktioniert und wie nicht? Hast du dir das angelesen? Ist das eine Charaktersache oder die Summe deiner Erfahrungen? Woher weißt du, was du weißt, und wieso glaubst du, was du glaubst? Ich sag's dir: Was du weißt, hast du von deinen Eltern. Die wissen all das wiederum von ihren Eltern, die das von ihren Eltern wissen. Womit die Beziehungswelt deines Kindes ganz schön viel gemeinsam hat mit der Beziehungswelt deiner Großeltern, nicht wahr?

Das Lernen von den eigenen Eltern funktioniert aber nicht wie das Lernen in der Schule, bei dem beiden Seiten klar ist, dass sie sich nun in einer Lernsituation befinden und welches Fach gerade dran ist. Das Lernen an den Eltern und durch die Eltern findet viel subtiler, weniger reflektiert und zumeist völlig unbewusst statt. Wir lernen von unseren Eltern explizit nicht das, was sie sich für uns wünschen oder was wir lernen sollen, sondern wir lernen das, was sie bereits über eine Sache wissen, indem sie diese Sache leben. Leben sie dieses Vorbild nicht, so lernen wir auch das. Wir beobachten ihr Verhalten in ihrer Welt und gegenüber der Welt und ziehen daraus unbewusst Rückschlüsse für unser eigenes Verhalten. Wir erfahren also an ihnen, wie diese Welt funktioniert und wie wir in ihr funktionieren. Das ist der Grund, wieso du und ich und deine Nachbarin völlig unterschiedliche Dinge über die Welt, über Beziehungen, über Geld, Liebe und Politik glauben können. Dieses unwillkürliche Lernen nennen wir Prägung. Stell es dir vor wie eine Brille, die man dir als Kind auf die Nase gesetzt hat und die einen ganz individuellen Farbfilter besitzt, der deine Welt fortan in diese Farbe taucht. Alles, was du ab jetzt wahrnimmst, jede Begegnung, jede Beziehung, jede Erfahrung wird von dieser Prägung gefärbt. Deswegen ist es vollkommen egal, was du dir für dein Kind wünschst – am Ende lernt es das von dir, was du von deinen Eltern gelernt hast, und zwar so lange, bis du das aktiv änderst.

Darin liegen Tücke und Chance zugleich. Vielleicht hattest du Glück und ganz außerordentlich großartige Vorbilder für all dieses wichtige Wissen. Wenn ich ganz ehrlich sein soll, kenne ich aber niemanden mit diesem Glück, denn die Generationen vor uns haben bei der Kindererziehung oft vor allem auf Gehorsam gesetzt. Das kann man ihnen meist nicht vorwerfen, denn die Vorstellungen davon, wie das Leben funktioniert und auf welche Weise die Kinder später ihren Platz darin einnehmen sollten, waren oft ganz andere als heute. Ganz abgesehen von den historischen Rahmenbedingungen – Krieg, Mangel, totalitäre Systeme –, unter denen Erziehung lange Zeit stattfand. Heute möchten wir unsere Kinder aber auf eine Welt vorbereiten, in der sie Humanität, Authentizität und Beziehungsfähigkeit brauchen, um das eigene Potenzial zu entdecken und die neuen (globalen) Probleme zu lösen. Wir möchten Gehorsam gegen Beziehung und Kontrolle gegen Vertrauen austauschen, weil diese Erziehungsziele heute endlich Platz finden und sich nicht dem nackten Überleben unterordnen müssen. Und weil es eine Aufgabe dieser Elterngeneration ist, sich von der Vorstellung zu befreien, im Leben ginge es nicht um die bunten Farben, sondern ums Malen innerhalb der Linien und ums Funktionieren.

Die Generation Eltern, die diese uralte Konditionierung aufheben wollen, nennen wir Cycle Breaker. Sie möchten ihrem Kind bedingungslose Bindung ermöglichen und die Lücke zwischen Wunsch und Realität für ihr Kind überwinden. Wenn du dein Kind lehren möchtest, respektvoll, integer, aufgeschlossen und verantwortlich in dieser Welt zu leben und für seine Werte einzustehen, dann ist es hilfreich, selbst respektvoll, integer, aufgeschlossen und verantwortlich zu leben und für deine Werte einzustehen. Wenn du dir eine innige und vertrauensvolle Beziehung zu ihm wünschst, dann musst du sie lediglich leben. Zugegeben, du musst es leben, ohne dass dir jemand gezeigt hätte, wie das funktioniert, und dies ist die eigentliche Schwierigkeit im Umgang mit deinem Kind. Diese Elterngeneration findet sich in der Verantwortung wieder, hinzuzulernen, Bewusstsein zu schaffen, neue und nachhaltige Werte zu schaffen und sie zu leben, und vor allem ist sie in der Pflicht, nicht mehr so zu tun, als würde morgen noch funktionieren, was gestern schon überholt war.

Dein Kind kann nur lernen, was du weißt, indem du es lebst, und dazu gehört eben nicht nur das, wovon du weißt, dass du es weißt.

Dazu gehört vor allem all das Unbewusste, all das, wovon du gar nicht merkst, dass es dich und deine Handlungen im Laufe eines Tages in erheblichem Maße steuert. Der Großteil dessen, was wir denken, fühlen und tun, läuft unbewusst ab, ganz ohne, dass du es überhaupt bemerkst. Wir werden darauf ausführlich zurückkommen. Kurz gesagt bedeutet das, dass du Dinge über dich, die Welt, über Beziehungen und den Umgang mit Kindern gelernt hast, von denen du zumeist nicht mal weißt. Außerdem ist nicht alles, was wir für wahr halten, auch tatsächlich wahr oder für alle wahr. Viel zu oft machen wir aus relativer Wahrheit absolute Wahrheiten, was wiederum darin begründet ist, auf welche Weise wir von unseren Eltern lernen, denn wir wissen ja nun: Das, was wir von ihnen über die Welt lernen, wird für uns zur Welt. Das Dilemma ist perfekt, weil wir davon ausgehen, dass andere die Welt genauso wahrnehmen wie wir, dass sie also dieselbe Brille der Wahrnehmung vor den Augen haben. Und als sei das alles nicht absurd und unkontrollierbar genug, nein, du folgst dieser gelernten inneren Ordnung und handelst auf höchst logische, aber unbewusste Art so, dass diese Ordnung erhalten bleibt. Denn dann ist deine innere Welt gerade, und nach dieser Balance strebt deine Psyche in jedem Augenblick. Diese innere Haltung wirkt in jedem Moment deines Alltags, den dein Kind seine Kindheit nennt: Wenn du mit deinem Kind über den dritten Nachtisch diskutierst, wenn du dir wünschst, von ihm gehört zu werden und es doch bitte sein Zimmer aufräumen soll oder wenn du dich über den Lehrer deines Kindes ärgerst. Deine unbewusste und in der Kindheit erworbene Haltung zum inneren Gerüst der Welt wirkt zu jedem Zeitpunkt deines Tages auf deine Handlungen. Während du also behauptest, etwas Neues zu wollen, handelst du, um das Alte zu erhalten. Und dann wunderst du dich über das Ergebnis. In diesem Fall darüber, dass du eine harmonische, starke und authentische Beziehung zu deinem Kind leben möchtest, auf eine Art und Weise, die du nicht gelernt hast, für die du keine Vorbilder finden kannst und die deiner inneren Ordnung völlig zuwiderläuft.

Höchste Zeit, deine gefärbte Brille abzunehmen und umzulernen.

Gesellschaftliche Erwartungen

Einhergehend mit all dem, was wir alles nicht über echte Verbundenheit in Beziehungen wissen, machen uns zusätzlich gesellschaftliche Erwartungen das Leben schwer, denn in dieser Gesellschaft soll sich unser Kind ja zurechtfinden. Spätestens mit Eintritt in die Schule haben Eltern dann das Gefühl, dass sie nun nicht mehr allein Quelle, Inspiration und sicherer Hafen für die Weltanschauung des eigenen Kindes sind. Sie merken, dass der Einfluss des Systems, in dem wir alle leben und das wir alle ausmachen, erheblich oder auch zu groß ist. Familien, die »kindergartenfrei« leben oder ihre Kinder als »Freilerner« nicht zur Schule schicken möchten, erleben einen echten Boom. Immer mehr Eltern haben das Gefühl, die Persönlichkeit ihres Kindes mit Eintritt in diese Institutionen an die Gesellschaft auszuliefern, ja, sie auf eine bestimmte Art zu verlieren. Sie sind der Überzeugung, dass es ihrem Kind nicht möglich sei, es selbst zu bleiben und gleichzeitig im gesellschaftlichen System anzukommen oder dieses gar zu gestalten. Sie glauben, dass Individualität und Zugehörigkeit zum System sich ausschließen und das Kind sich unweigerlich für die Zugehörigkeit entscheiden müsse. So sehen sie keine andere Möglichkeit, diesem Spagat zu begegnen, als ihn zu vermeiden und ihr Kind dem System eben nicht auszusetzen. Ich bin der festen Überzeugung, dass es möglich ist, die von Eltern als Gefahr wahrgenommenen Erwartungen im Außen nicht vermeiden zu müssen, sondern überwinden zu können. Das ist die einzige langfristige und nachhaltige Lösung für unsere Kinder – zumindest wenn wir möchten, dass das Kind zu einem integrierten und essenziellen Bestandteil dieser Gesellschaft wird. Zu einem Bestandteil, der sich mit all seinem Potenzial und seiner ganzen bunten Persönlichkeit einbringen und sie bereichern kann und nicht nur mit dem Teil, der aktuell als gesellschaftskonform angesehen wird.

Selbstredend gehören zur Gesellschaft auch deine Familie, im engeren und im weiteren Sinne, deine Nachbarn, die Eltern der Freunde deines Kindes und deine beste Freundin oder dein Kollege. Alle eben. Wir alle sind diese Gesellschaft und wir alle tragen unsere Wahrnehmungsbrille auf unserer Nase spazieren, durch die die Welt in einer individuellen Farbe erscheint. Dagegen ist auch überhaupt nichts einzuwenden, würden wir nicht automatisch davon ausgehen, dass unser Gegenüber dieselbe Brille trägt. Denn dadurch meinen wir, dass alle anderen über dieselbe innere Ordnung verfügen wie wir, die Welt also genauso wahrnehmen und auch das Gleiche für »richtig« halten.

Immer dann, wenn genügend Menschen etwas gleichzeitig für richtig halten, entsteht eine Norm, eine Konvention, eine Orientierung im Außen, die uns Halt und Übersicht darüber vermitteln soll, wer wir sind, wer wir besser nie sein werden und wo wir im Leben und im Rang der Gesellschaft stehen. Diese Erwartungen können erheblichen inneren Druck ausüben, etwa weil der Lehrer zum dritten Mal in einem Halbjahr darauf hinweist, dass ein Kind die Norm nicht erfüllt, dass es zu laut, zu leise, zu fordernd, zu unbeteiligt, zu ruhig, zu unruhig, zu anders ist. Das beunruhigt die Eltern zumeist sehr, denn sie haben sich still und heimlich gewünscht, ihr Kind passe in die Norm. In meiner Praxis begegnet mir nahezu kein Elternteil, der darüber nicht besorgt ist, was sich in Aussagen widerspiegelt wie: »das Kind muss doch lernen, dass es nicht immer alles entscheiden kann«; »ein Kind muss sich auch mal unterordnen können«, »man kann nicht immer nur Spaß haben«; »das Leben ist kein Ponyhof«.

Unsere Ansprüche sind also hoch: Das Kind soll es selbst bleiben, aber nicht zum Außenseiter werden. Es möge bitte ganz individuell seine Meinung vertreten dürfen, aber anecken soll es nicht. Mit anderen Kindern soll es zurechtkommen, aber sich auch mal unterordnen können. Es soll den Ansprüchen seiner Lehrer genügen, sich dafür aber nicht verbiegen. Wenn du ehrlich drüber nachdenkst, dann soll deinem Kind all das gelingen, was du nicht oder nur ansatzweise geschafft hast – und worunter du immer noch leidest. Es soll sich angenommen und gleichzeitig frei fühlen, es soll dazugehören, aber auch bei sich bleiben wollen, es soll den Erwartungen der Gesellschaft entsprechen, ohne sich im Außen zu verlieren. Es soll seinen Platz in sich und im Leben finden, und der befindet sich nun mal inmitten unserer Gesellschaft. Jeder Tanz an den Rand der Gesellschaft verunsichert Eltern zutiefst, und meiner Erfahrung nach neigt diese Gesellschaft dazu, immer früher und gnadenloser festzustellen, wer aus dem Rahmen fallen könnte. Da wird von Erziehern AD(H)S-Diagnostik schon bei Vierjährigen empfohlen, da muss der Dreijährige auch mal still sitzen können, da muss eine Sechsjährige nach sechs Monaten aber mal wirklich zuverlässig in der Schule und in all ihren Regeln angekommen sein. Eltern berichten in unserer Praxis dauernd davon, dass sie mit der Sorge und all den kritischen Stimmen um sich herum kaum umzugehen wissen. Dass der Druck der Verantwortung, die ihnen für die »normgerechte« Entwicklung ihres Kindes auferlegt wird, zu hoch ist und das Kind offenkundig darunter leidet. Dieser empfundene Druck spricht in Eltern elementare Überlebensinstinkte an, denn Gemeinschaft war für den Menschen in früheren Zeiten überlebenswichtig – von der Gemeinschaft verstoßen worden zu sein, war der sichere Tod. Aber das ist lange her. Wieso wirkt dieser Aspekt heute derart in die Beziehung zu deinem Kind hinein?

Der Verlust der Intuition

Gemeinschaft bietet eine Menge Vorteile für den Menschen. Emotional sind wir vom ersten Lebenstag an auf Nähe und Verbundenheit angewiesen, wir erhalten Schutz und Unterstützung, erfahren Zugehörigkeit und erhalten damit idealerweise ein lebenslanges emotionales Polster für schlechte Tage. Kurzum: Wir brauchen sichere Bindung an andere Menschen, um zu überleben. Grundsätzlich orientieren wir uns daher immer daran, was die Gemeinschaft an Richtlinien zur Verfügung stellt, im Kleinen wie im Großen. Immer wenn wir auf einem Terrain unsicher sind, suchen wir nach Halt und finden ihn im Verhalten der Menschen um uns herum, in den Regeln der Gesellschaft, den Konventionen. Das lässt sich nicht nur an kleinen Kindern beobachten, für die ohnehin alles neu ist, sondern auch bei Erwachsenen, die beispielsweise eine neue Arbeitsstelle antreten, erstmals die Familie des neuen Partners treffen oder an ihrem ersten Yoga-Event teilnehmen: Die anderen um uns herum zeigen uns, wie wir uns auf diesem unbekannten Parkett zu bewegen haben und nicht aus dem gesteckten Rahmen fallen. Solange diese Orientierung nicht zum inneren Diktat wird, die eigenen Maßstäbe ersetzt oder aushebelt oder durch die Hintertür Bedingungen an eure Beziehung knüpft, ist dagegen auch überhaupt nichts einzuwenden. Immer dann aber, wenn die Zugehörigkeit zur Gemeinschaft auf dem Spiel stehen würde, weil wir der Individualität den Vorzug geben würden oder wenn es uns ein Stück Identität kosten würde, der Gemeinschaft zu entsprechen, wird das biologische Überlebenssystem in uns anspringen und unsere Entscheidung infrage stellen. Brauche ich die Zugehörigkeit? Darf ich so sein? War ich richtig oder falsch, war ich zu viel ich, zu schüchtern, zu frech, zu irgendetwas? Wir stehen dann vor der Entscheidung, die Bedingungen, die die Gemeinschaft an uns stellt, um dazuzugehören, zu erfüllen oder es zu lassen. Die Personen, die diese Gemeinschaft erstmals verkörpern, sind unsere eigenen Eltern, und auf dieser Ebene erfahren wir erstmals Bedingungen für unsere Bindung an sie. Wir erfahren auf diese Weise, dass es nicht ausreichend ist, nur zu sein, wer wir sind, sondern dass es auch wichtig ist, ein bisschen zu sein, wer wir besser wären. Weil das sicherer ist.

Ganz gleich, wie wunderbar du dein Kind findest und wie wunderbar es zweifellos ist, an dieser Stelle gerätst du ins Wackeln. Wie viel individuelle Persönlichkeit verträgt deine Umgebung? Wie viel Zugehörigkeit und Schutz einerseits und wieviel Autonomie und Individualität andererseits glaubst du für dein Kind zu brauchen? Selbstredend hat eine Gesellschaft ein Interesse daran, besonders leistungsbereite oder besonders empathische, besonders folgsame oder besonders individuelle Menschen hervorzubringen und wird dieses Interesse fördern und mit den gegebenen Mitteln unterstützen. Das Kind wird in das bestehende System, das ja aus uns allen besteht, sozialisiert. Belohnungen für erwünschtes Verhalten, Bestrafungen für unerwünschtes Benehmen, Anerkennung für Leistung, Ablehnung für eine oppositionelle Haltung, Strafen, Zensuren als bezifferter Ausdruck für Bereitschaft und Fähigkeit, den Anspruch der Lehrerin zu bedienen, sind hier nur ein paar gängige Beispiele. Sie sollen dafür sorgen, uns an den Konventionen des Bestehenden und den bis dato gültigen und sozial anerkannten Werten zu orientieren. Von dort ist es dann aber nur noch ein Katzensprung zur Anpassung, zur Identifikation mit den erlernten Masken und Rollen und zur Bereitschaft, die Intuition, das Eigene, das Individuelle gänzlich unterzuordnen, um es im schlechtesten Fall irgendwann kaum noch zu erinnern. Wir werden uns diese »Erziehungshelferlein« im Laufe der nächsten Kapitel noch genauer anschauen.

Doch wie genau geht es vonstatten, dass wir der Gemeinschaft den Zugang zu uns selbst so leicht opfern, und wieso kann Individualität scheinbar nicht in Gemeinschaft bestehen, wo es doch naturgemäß das Bestreben eines jeden Menschen ist, sich sowohl verbunden als auch frei zu fühlen? Wieso haben Eltern zunehmend das Gefühl, ihr Kind erst passend machen zu müssen, bevor es dazugehören darf?

Wenn ich hier von Intuition spreche, so meine ich nicht das, was allgemein als Bauchgefühl verstanden wird. Im Bauchgefühl ist auch all das vorhanden, wovon du dich hier befreien möchtest: die Schattenseiten deiner Prägung, die Bedingungen, all das Gelernte und Mitgenommene, das dir ohnehin nie gehörte. Intuition ist frei davon. Sie ist der lupenreine, messerscharfe Verstand hinter dem Verstand, der blitzschnell kluge Entscheidungen trifft. Lange Zeit von der Wissenschaft als irrational und unseriös vernachlässigt, erlebt die Intuitionsforschung gerade einen wahren Hype. Das liegt vor allem daran, dass Neurologie und Neuropsychologie mit neuen Untersuchungsmethoden und bildgebenden Verfahren immer tiefere Einblicke in den Teil des Gehirns gewähren können, der über den Bruchteil des rationalen, sehr schwerfälligen und noch immer überbewerteten Bewusstseins hinausgeht. Der hochkomplexe Teil, den wir Intuition nennen, greift auf deinen gespeicherten Erfahrungsschatz zu und analysiert blitzschnell. Wohlgemerkt: unbewusst. Intuition verstehen wir hier also als den Zugang zu dir und deinem Wesen, zu deinen Gefühlen und Bedürfnissen, zum Kern deines Wesens, der dir jederzeit rückmelden kann, welche Entscheidung für dich zweifellos die Richtige ist. Intuition ist die sechsspurige Autobahn in deine authentische Haltung und in deine Echtheit.

In den Momenten, in denen die Intuition dich leitet, weißt du ohne Frage und augenblicklich, was zu tun ist. Es sind die Momente, in denen dein Kind anstandslos und mal ohne die 37. Diskussion akzeptiert, dass ihr den Spielplatz jetzt verlasst, zum Einkaufen aufbrecht oder du wirklich auf dem Vokabellernen bestehst. In denen nichts an und in dir infrage stellt, was du gerade meinst, sagst oder tust, weil jede Zelle in dir weiß, was zu tun ist. Dann triffst du Entscheidungen, die irrational erscheinen mögen und die doch nicht anders zu treffen sind. Du bist dann ganz und gar mit dir und deinem Tun im Reinen, selbst dann, wenn du eine unpopuläre Entscheidung triffst. Weil sie für dich zweifellos die richtige ist. Deine Intuition ist dann am Werk, wenn du dich und andere nicht mehr fragen musst, was du nun am besten tun sollst, weil deine Haltung dir und deiner Wahrheit in deinem tiefsten Wesen entspricht. Du kennst diese Momente, selbst wenn du nach ihnen suchen musst – dieser Zugang zu dir existiert. In diesen Momenten deckt sich deine Haltung mit deiner Handlung, du meinst, was du sagst, und sagst, was du meinst. Du führst dein Kind durch Klarheit, und wenn es solche Momente öfter erlebt, vertraut es auf dich, weil deine Entscheidungen in seinem Sinne sind. Daraus entwickelt sich ein sich selbst erhaltender Kreislauf aus Führung, Autonomie und Vertrauen, gewachsen aus deinem Zugang zu dir – deiner Intuition, die keinen Raum für ernsthafte Zweifel und Orientierung am Außen lässt. Du bist klar in deiner Haltung, weißt, was zu tun und zu lassen ist, wann du dich zurückzuziehen hast, und dein Kind kann dir folgen wollen. Denn es hat erfahren, dass es manche Entscheidungen noch nicht selbst treffen kann (was allerdings viel seltener der Fall ist, als du vermutlich glaubst). Aber wenn du dann für es entscheidest, entscheidest du in seinem Sinne und nicht unbewusst in deinem.

Dieser Kreislauf ist störanfällig und die eigene Intuition ist vielen Erwachsenen nicht zugänglich. Wir leben in einer Gesellschaft, die diesen Zugang nicht nur nicht wertschätzt, sondern systematisch (und systematisch bedeutet nicht zwingend vorsätzlich!) abtrainiert, weil er auf den ersten Blick mit den bestehenden gesellschaftlichen Werten kollidiert. Außerdem glauben wir kollektiv, dass Individualität und Zugehörigkeit sich ausschließen. Aber wie wir ja schon wissen: Etwas zu glauben, macht eine Sache nicht unbedingt wahr.

Dieser Kreislauf aus Vertrauen und Führung ist umso störanfälliger, je häufiger du nicht auf deine Intuition zurückgreifen kannst, weil sie dir keine Signale sendet und dir dein Verstand oder dein Bauchgefühl im Weg stehen. Das ist öfter der Fall, wenn du in deiner eigenen Kindheit häufig die Erfahrung gemacht hast, dass du die Entscheidungen der Menschen um dich herum über deine eigenen Entscheidungen stellen musstest oder wenn an deine Bindung, deinen Schutz und deine Sicherheit Bedingungen geknüpft waren. Wenn du also gelernt hast, dem anderen mehr zu vertrauen als dir selbst, dich unterzuordnen, anstatt auf dich selbst zu hören, dann hast du deine Intuition der Meinung im Außen angepasst, weil du auf den Halt und die Orientierung der Gemeinschaft angewiesen warst oder glaubtest, es zu sein. Oder es wurde für dich entschieden, dass die Sicherheit der Gemeinschaft und von ihr nicht abgelehnt zu werden wichtiger ist als deine Intuition und der Zugang zu dir selbst, weil die Menschen um dich herum hiervon überzeugt waren – unter Umständen, ohne sich dessen bewusst zu sein. Dadurch hast du nicht gelernt, mit deinen eigenen Emotionen so umzugehen, dass sie dir als Wegweiser dienen und nicht als Störenfried, den du natürlich auch so behandelst.

Das ist kein ungewöhnlicher Prozess, sondern eine logische Konsequenz, die das lernende Kind unbewusst zieht, wenn es seine emotionalen Grundbedürfnisse gegeneinander abwägen muss. Ein ganzes Leben lang reißen wir uns beide Beine aus, um die beiden Grundbedürfnisse übereinzubekommen, die nur auf den ersten Blick so unvereinbar scheinen: das Bedürfnis nach Bindung, Nähe, Schutz und Sicherheit, Zugehörigkeit einerseits und das Bedürfnis nach Autonomie, Selbstausdruck, Distanz und Individualität andererseits. Wohlgemerkt: zumeist sind wir uns dessen nicht bewusst. Die Zerrissenheit äußert sich vielmehr in Gefühlen der Überforderung, des Drucks und der Disharmonie. In der regelrechten psychosozialen Entwicklung des Kindes baut das Bedürfnis nach Autonomie auf einem befriedigten Bedürfnis nach Bindung auf; andere Grundbedürfnisse bauen wiederum darauf auf. Wir werden uns später noch intensiver damit befassen. Für das Verständnis um den Verlust der Intuition reicht es an dieser Stelle zu wissen, dass ein Kind sich erst der Nähe, dem Schutz, der Bindung sicher sein muss, um sich der Welt zuwenden zu können und sie zu erforschen. Nur wenn es sich sicher fühlt, möchte es die Welt erkunden und sie und sich entdecken. Andersherum ausgedrückt: fürchtet es Unsicherheit, Bindungsverlust oder fehlenden Schutz der Zugehörigkeit, wenn es seiner Individualität Ausdruck verleiht, indem es sich der Welt zu- und von den Bezugspersonen abwendet, so wird es auf die Befriedigung der Autonomie bis zu einem gewissen Maß verzichten. Es schließt damit die Tür zu sich selbst und öffnet die Tür nach außen. Unbewusst beschließt es, dass Autonomie ihm nie so wichtig werden darf, dass diese geeignet wäre, seine Bindung und seinen Schutz zu gefährden. Tut es das nicht, opfert es sein Bedürfnis nach Nähe dem Selbsterhalt, was sich dann nicht nur in oppositionellem Verhalten ausdrückt, sondern in lebenslanger Suche nach dem Halt und Schutz, den es an dieser Stelle verabschieden musste.

Was für ein Dilemma! Das Kind – und damit auch du! – ist im Falle einer Kollision seiner emotionalen Grundbedürfnisse immer genötigt, diese gegeneinander abzuwägen: Schutz gegen Freiheit, Nähe gegen Autonomie, und es wird sich im Zweifel pro Bindung entscheiden, denn nur sie sichert sein kindliches Überleben. Das hat die Biologie sehr klug eingerichtet. Hierzu ist es gar nicht notwendig, dass die Bezugspersonen dem Kind objektiv vermitteln, dass Autonomie seine Bindung gefährden würde, indem sie es beispielsweise für Fehler bestrafen, emotionale Distanz oder das Erforschen seiner kindlichen Welt gefährlich nennen und entsprechend ängstlich reagieren und das Kind in seiner Autonomiephase vor jeder Gefahr zu beschützen versuchen. Es reicht vollkommen, wenn das Kind die Bedrohung des Verlusts der Nähe und des Schutzes subjektiv wahrnimmt, zum Beispiel weil die Bezugspersonen Freiheit und Individualität unbewusst in einem bestimmten Maße für gefährlich halten, weil darin die Gefahr der Ablehnung durch die Umgebung lauert. Das haben sie durch die ebenfalls unbewusste Haltung ihrer eigenen Eltern gelernt. Auf diese Weise werden die Themen einer Familie von Generation zu Generation weitergetragen.

Begeben wir uns hier für einen Moment in die Erlebniswelt eines jungen Kindes. Es ist in seiner Bedürftigkeit ganz und gar auf die elterliche Versorgung, Unterstützung und Bindung angewiesen. Sein Bedürfnis nach Selbstausdruck und Freiheit wird es dann unterdrücken, wenn es konkurrieren muss und eben nicht parallel zu seinem Bedürfnis nach Bindung befriedigt werden kann. Es lernt dann, seine Intuition dem Wissen, der Macht und der Erwartung seiner Umgebung unterzuordnen, denn es möchte gefallen, weil es darauf angewiesen ist. Es lernt nicht, dass es eine echte Wahl hat, sich für sich und seine Autonomie zu entscheiden, denn die Voreinstellung der Eltern signalisiert hier zwar subtile, aber doch wahrnehmbare Gefahr. Es spürt auf diese Weise eine drohende Ablehnung oder zumindest Wertung seines Bedürfnisses, und die wird ein Kind zu vermeiden versuchen oder in der umgekehrten, aber nicht weniger unfreien Entscheidung auf Kosten der Bindung verteidigen. Diese Erfahrung wird es tief in seinem prozeduralen Gedächtnis abspeichern. Diese Kinder werden dann von der Umgebung als störrisch, unangepasst und uneinsichtig wahrgenommen. Zusammenfassend lässt sich sagen, dass Intuition, sofern wir sie als Zugang zu uns selbst und in unser Potenzial verstehen, ein fragiles Konstrukt ist, das zwar natürlicherweise in jedem vorhanden ist und nach Entfaltung strebt, im Zweifel aber dem Überleben in der Gemeinschaft geopfert wird. Dieses Muster ist gesamtgesellschaftlich gewünscht und wird daher forciert.

Dieser Verlust des Zugangs ins eigene Wesen ist der Grund, warum du noch heute so oft nicht weißt, was du tun sollst, und dich so sehr darauf angewiesen fühlst, dir sagen zu lassen, was »richtig« ist. Dabei verkennst du, dass das angeblich »Richtige« nur das ist, was andere für richtig halten. Du weißt längst, was es für dich und dein Kind braucht, um so zu leben, wie du es dir gewünscht hast. Du musst dir den Zugang lediglich zurückerobern, lediglich wieder lernen, dir zuzuhören, dir zu vertrauen und dir den gefürchteten Fall aus dem schützenden Nest zuzutrauen. Du musst dir nur zutrauen, dich von den Bedingungen zu lösen, die an deine Bindung geknüpft wurden und die heute noch Furcht vor dem Verlust dieser Bindung verursachen können. Denn heute bist du erwachsen, auch wenn dein Unterbewusstsein das vielleicht noch nicht bemerkt hat.

Fallbeispiel: Nora und Riko

Ich erinnere mich sehr gut an die Zusammenarbeit mit Nora, damals 44, und ihrem Sohn Riko, der zum damaligen Zeitpunkt vier Jahre alt war. Nora hatte noch ein weiteres Kind und arbeitete in Vollzeit als Oberärztin einer gynäkologischen Station des Städtischen Krankenhauses ihres Wohnortes. Die Familie kontaktierte mich, weil sie sich um die Entwicklung ihres Sohnes sorgte, der ausschließlich in Zwei-Wort-Sätzen sprach, im Kindergarten als ausgesprochener Einzelgänger und »zu empfindsam« galt und auch ansonsten eher »eigenbrötlerisch«, aber auch neugierig und wissbegierig unterwegs sei. Insgesamt sei er auffallend anders als andere Kinder seines Alters und auch die Entwicklung seiner zweijährigen Schwester sei viel regelkonformer verlaufen, also so, wie man sich die Entwicklung des eigenen Kindes eben vorstelle, weshalb vor allem Nora Schwierigkeiten habe, sich ihrem Sohn nahe zu fühlen. Immer wieder habe sie das Gefühl, ihn emotional nicht erreichen zu können. Organisch sei Riko völlig gesund, das sei abgeklärt worden, und auch die Diagnostik im sozialpädiatrischen Zentrum sei so gut wie abgeschlossen und ergebnislos. Diese sei erfolgt, weil man eine Störung im autistischen Spektrum ausschließen wollte.

Während der Zusammenarbeit mit der Familie bestätigte sich meine erste Vermutung sehr schnell: Bei Riko handelte es sich um ein sehr begabtes und empfindsames Kind und bei Nora um eine sehr leistungsbereite und in allen Belangen engagierte Person. Egal welchem Bereich sie sich gerade widmete, ihrer Arbeit oder ihrer Familie, sie gab stets hundert Prozent und mehr. So hatte sie sich nach einem Autounfall einige Jahre zuvor, der erhebliche Verletzungen nach sich zog, durch den sie u. a. wochenlang im Koma lag und Sprach- und Bewegungszentrum für lange Zeit ausgefallen waren, wieder ins Leben gekämpft und keinerlei Langzeitschäden davongetragen. Sie war eine durch und durch taffe und leistungsbereite Frau, die es gewohnt war, mit der Kraft ihres Willens Ergebnisse zu schaffen und in sie gesetzte Erwartungen zu erfüllen. Bis sie Mutter von Riko wurde. Riko war die erste Person in ihrem Leben, die sich ihr entzog und die sie nicht erreichen konnte, indem sie in ihm etwas bewirkte – zumindest nicht das, was sie sich gewünscht hätte.

Tatsächlich erreichte sie in Riko nämlich sehr wohl etwas: sie erreichte, dass er sich nicht auf ihre Nähe und Erwartungen an ihn einlassen konnte und sich zunehmend in sich selbst zurückzog. Er war bereit, sein Bedürfnis nach Bindung dem Erhalt seiner Individualität unterzuordnen, und tat das mit derselben Willenskraft, die seiner Mutter zu eigen war. Durch sein Verhalten forderte er seine Mutter dazu auf, ihn bedingungslos so zu akzeptieren, wie er war: immer ein wenig langsamer, immer ein wenig zurückgezogener, immer ein wenig anders, als Nora sich das für ihn und sich gewünscht hätte. Nora litt bis zu unserer Zusammenarbeit enorm darunter, dass Riko im Kindergarten von Erziehern und Kindern so viel Ablehnung für seine Andersartigkeit erfuhr. So sehr hätte sie sich für ihn gewünscht, in der Masse mitzuschwimmen und Freunde zu haben, die ihn schätzten. Sie musste schmerzhaft erkennen, dass er weder ihren Vorstellungen eines Kindes ihrer Familie entsprach noch denen der Gesellschaft. Außerdem bemerkte sie in sich die Furcht davor, dass Riko diesen Bedingungen an die Norm nicht entsprach. Während Schuldgefühle sie plagten, musste sie akzeptieren lernen, dass nicht alles im Leben ihrer Kontrolle unterlag, nicht mal dann, wenn sie sich dafür noch mehr anstrengte, als sie es ohnehin Tag für Tag tat. Sie musste sich der Tatsache stellen, dass sie nicht die Macht hatte, in sich für Schutz und Sicherheit durch Bindung und Zugehörigkeit zu sorgen. Sie stand vor der Wucht der Erkenntnis, erstmals im Leben nicht durch Tüchtigkeit und Leistung, ihre bis zu diesem Zeitpunkt vorherrschenden Überlebensstrategien, ausweichen zu können, denn dazu liebte sie Riko viel zu sehr.

Nora war in einer Familie aufgewachsen, in der dieses Level der Leistungsbereitschaft Standard war. Bedingungslose Akzeptanz dafür, dass sie war, wer sie war, und nicht dafür, was sie tat, hatte sie nie erfahren. Bedingungen an ihre Person und ihr Leistungsvermögen als Person waren ihre Normalität. Nora wurde nicht nur ausschließlich dann gesehen und geschätzt, wenn sie etwas besonders fleißig und mit exzellentem Ergebnis ablieferte, ihre Leistungsfähigkeit war die Bedingung, sie überhaupt als Person wahrzunehmen. Ihr Wert als Person hing an ihren Handlungen, womit Nora Bindung, Nähe und Sicherheit niemals als bedingungslos erfahren hat – zumindest hatte Nora das ganz subjektiv als Kind so erlebt, es muss dazu gar nicht faktisch so gewesen sein. Während sie also von ihrem Sohn nun denselben Standard einforderte, den sie als »die Welt« kennengelernt hat, und während sie gleichzeitig versuchte, den Anforderungen der Gesellschaft gerecht zu werden, weil nur das ihr Inneres wieder in Balance bringen würde, schwieg ihre Intuition. Den Zugang zu sich, zu ihren Gefühlen und der Sehnsucht nach ihrer eigenen Wertschätzung, die nicht an Leistung gekoppelt ist, hatte sie vor langer Zeit verloren.

Riko war unbewusst nicht bereit, dieses Opfer zu bringen, und verteidigte sich und sein Wesen vor den überfordernden Erwartungen seiner Mutter. Mit derselben Vehemenz und inneren Stärke, mit der seine Mutter forderte, verweigerte er ihr still den Zutritt. Er wahrte kompromisslos seine Autonomie und damit den Zugang zu sich. Stattdessen forderte er seine Mutter auf, sich ihm auf neue Weise zu nähern, denn die Nähe zu ihr vermisste er in seiner Zurückgezogenheit sehr. Riko hat mich sehr berührt – woher der Vierjährige diese Stärke nahm, kann ich nicht sagen, aber ich kann sagen, dass ich jeden Tag auf Kinder wie Riko treffe, die vollkommen gesund sind und deren Verhalten die Erwachsenen nicht systemisch betrachten. Diese Kinder fordern ihre Eltern auf gnadenlose Weise auf, sich wieder sich selbst zu nähern. Das tun die Kinder nicht, weil sie so tolle Menschen sind (ok, das auch), sondern sie handeln ganz eigennützig für sich, und das ist auch gut so! Sie sind einfach nicht gewillt, sich zwischen ihren emotionalen Grundbedürfnissen, also ihrer Individualität und ihrem Wesenskern, und der Nähe einer schützenden Bindung zu entscheiden. Nachdem Nora begonnen hatte, Riko als das Kind zu akzeptieren, das er war, und sich nicht mehr heimlich wünschte, er möge anders sein – schneller, beugsamer, angepasster –, verbesserte sich die Beziehung der beiden täglich und Riko konnte sich auf Noras Versuche, Nähe herzustellen, besser einlassen. Seine Entwicklung, die nur rückständig war, weil Riko sich zuvor dem Anspruch so vehement entziehen musste, glich sich im Folgejahr an. Nora ging von nun an darin auf, im Kindergarten und anderen Institutionen für Aufklärung über Hochsensibilität und den Umgang mit Hochbegabten zu sorgen, und ist noch immer damit beschäftigt, zu entdecken, wer sie hinter ihrer Leistungsbereitschaft noch alles ist.

✓ *To-feel: Was sind deine »Ursachen«?*

Notiere heute, welches deine ganz persönlichen Ursachen dafür sind, in die Kluft zwischen Elternwunsch und Elternrealität geraten zu sein. Was erkennst du als kausal dafür, dass du mit deinem Kind und in deinem Familienalltag nicht an dem Punkt stehst, den du dir eigentlich wünschst? Liegt es daran, dass du aufzuholen hast in Sachen Beziehungsfähigkeit? Machen die Erwartungen im Außen dir das Leben schwer? Hast du den zuverlässigen Zugang zu deiner Intuition verloren? Ist es eine Ursachenkombination und wenn ja, welche? Wurdest du darin unterstützt, du selbst zu sein, oder wurde dir, vielleicht auch auf subtile Weise, angeraten, dich anzupassen? Wie gehen deine Eltern mit Ablehnung um und wie sorgen sie für Anerkennung? Wo erkennst du dich in ihnen wieder? Wie sehr fordert dein aktuelles Umfeld deine Anpassung? Was tust du in deinem Alltag für den Erhalt deiner Autonomie – oder gibst du sie einfach auf? Wie finden das die Menschen um dich herum und wie geht es dir damit? Wie hängen deine Ursachen zusammen und wie wirken sie, sodass du nicht das Familienleben führen kannst, das du haben möchtest? Was genau ist die Ursache für die Herausforderung, vor der du heute stehst? Verschaffe dir Klarheit über deine Ursachen und ihre Wirkung.

Traditioneller Lösungsversuch: Handeln um jeden Preis

Dein Kind ist nicht abhängig davon, was du tust, sondern davon, was du denkst und fühlst. Es ist abhängig von deiner Liebe, von deiner Bereitschaft, dich infrage zu stellen, zu deinen Fehlern zu stehen, von deiner Fähigkeit zu Nähe und von deiner Lust aufs Leben. Dein Kind ist abhängig von deiner Beziehung zu dir selbst.

Wie sollst du mit deinem Kind liebevoll, zugewandt, souverän, klar und authentisch umgehen können, wenn du keine Vorbilder für Beziehung hattest, deine innere Programmierung dein angestrebtes Idealbild von Beziehung torpediert, du den Druck der Gesellschaft und ihre Ansprüche an dich und dein Kind nicht ausblenden kannst und deine innere Navigation sich ausschweigt, weil der Zugang zu deinem tiefsten Wesen und Wissen blockiert ist? Welche Möglichkeiten bleiben dir, um dich nicht ohnmächtig zu fühlen, der Situation ausgeliefert, während du untätig zusiehst und ins vermeintliche Verderben stürzt? – Genau: Du handelst. Irgendetwas musst du tun. Was genau, ist erst mal nicht so wichtig, Hauptsache, diese Hilflosigkeit ist nicht ganz so spürbar, denn so tickt der Mensch: Kaum ein Gefühl ist weniger gut aushaltbar als Ohnmacht und kein anderes unerwünschtes Gefühl werden wir scheinbar so leicht wieder los. Du musst einfach nur etwas tun und deine Machtlosigkeit verschwindet wenigstens kurzzeitig. Und zu tun gibt es vieles, du musst nur zugreifen. Es gibt zu lesen, zu glauben, zu probieren, zu verwerfen, zu verteidigen, zu wollen, zu lassen. Allerorts Handlungsempfehlungen, um nicht zu bemerken, dass es gar nicht um deine Handlungen geht, sondern um deine Haltung. Handlungen lösen dein Problem nämlich nicht ursächlich, sondern nur für den Moment. Manchmal. Manchmal verschwindet es auch nur, um sich Verstärkung zu holen. Schließlich sind die Buchhandlungen voll mit Tipps und Ratgebern, was du wann tun und lassen sollst. Wenn das nachhaltig funktionieren würde, würdest du es doch längst in jeder Lebenslage umsetzen, oder? Immer wenn Handlung vor Haltung kommt, wenn also unklar ist, wie du zu einer Frage stehst, du den Zugang in deine Intuition nicht findest und das Pferd von hinten aufzäumen möchtest, umgehst du das eigentliche Problem und möchtest dich ausschließlich deiner Ratlosigkeit und Ohnmacht entledigen. Würde die Intuition nicht so beharrlich schweigen, könnte sich dieser Kreislauf gar nicht erhalten. Warum sie schweigt, wissen wir ja nun. Welche Umwege du nimmst, damit sie weiter schweigt, du aber dennoch handlungsfähig bleibst, auch wenn Handeln ohne Haltung dich keinen Zentimeter voranbringt, schauen wir uns nun mal genauer an.

Erziehungsmythen

Der größte und scheinbar stabilste Festhaltegriff für uns, wenn wir als Eltern planlos durch die Familienatmosphäre gleiten, sind die vielen von Generation zu Generation vererbten »Erziehungsweisheiten«, die ganz wunderbar Halt und Orientierung zu bieten scheinen, sich allerdings bei näherer Betrachtung als Erziehungsmythen herausstellen. Solcher Mythen gibt es viele, man könnte mit ihnen ein ganzes Buch füllen. Hier genügt es aber, dich auf die Existenz dieser Erziehungsmärchen aufmerksam zu machen, damit du wachsam bleibst, wenn du dich an eine dieser Überlieferungen klammerst, weil dir (noch) die Alternative fehlt. Du darfst übrigens immer dann besonders wachsam gegenüber deinen eigenen Überzeugungen und Einstellungen sein, wenn du meine Worte am liebsten schnell wieder abschütteln und in die Tonne werfen würdest. Dann haben sie nämlich einen Punkt in dir berührt, der dich trifft, und nur was dich betrifft, ist geeignet, dich zu treffen.

Hier genügen erst einmal die drei Erziehungsmythen, die am besten geeignet sind, sich als Orientierung zu tarnen. So signalisieren sie dir, was in einer bestimmten Frage zu tun ist, während sie in Wahrheit dafür sorgen, deine authentische Haltung zu untergraben, sodass du nicht handeln kannst, wie es dir, deinem Kind und eurer individuellen Beziehung im entscheidenden Moment entspräche. Diese Mythen sind als Halt(-ung) verkleidete Trennungen von deiner Intuition. Sie lassen dich gleichzeitig Gas geben und bremsen und erhalten damit den Zustand, in dem du dich befindest.

»Kinder brauchen Grenzen«

Das ist mit Abstand mein Lieblingsmärchen. In diesem harmlosen Drei-Wort-Satz verstecken sich die Aufforderung, Kinder zu begrenzen, und die zusätzliche Behauptung, das würde ihnen auch noch dienen. Du hast den Satz schon 100-mal gehört. Lies ihn neu, lass ihn wirken. Da steht: Kinder brauchen Grenzen. Das bedeutet: Kinder benötigen es, begrenzt zu werden. Deine Orientierung soll also darin bestehen, zu glauben, dass es für dein Kind wichtig ist, Trennung, Begrenzung, Schranke, Grenze zu erfahren, weil es derer bedürfe, während deine Haltung Verbundenheit, Nähe und Beziehung ausdrücken will. Du sollst also aktiv etwas herbeiführen, was dir intuitiv widerstrebt, weil das gut für dein Kind sein soll. Du bemerkst bereits, das passt nicht nur nicht überein, das Ganze ist auch ein inhaltliches Desaster: kein Mensch möchte begrenzt werden, aber jeder Mensch ist darauf angewiesen, zu erfahren, wo die Grenzen des Gegenübers verlaufen. Dazu muss aber kein Kind vom überlegenen Erwachsenen begrenzt werden, es reicht vollkommen, wenn du dir deiner Grenzen bewusst bist, sie wahrnimmst und achtsam wahrst. Das Resultat ist dann keine Grenze im Sinne einer Begrenzung deines Kindes, sondern Klarheit darüber, wo es aufhört und du anfängst, und das ist nun wirklich essenzieller Bestandteil einer jeden vertrauten Beziehung. Nur zwei Individuen, die sich ihrer selbst bewusst sind, können eine Beziehung miteinander eingehen. Nähe kann nur zwischen voneinander abgegrenzten Persönlichkeiten entstehen, sonst ist es keine Nähe, sondern Einheit. Nicht dein Kind »braucht« also die Grenze, sondern du, weil du ansonsten dich und deine Ressourcen, deine Bedürfnisse und deine Persönlichkeit übergehst. Sorgst du eigenverantwortlich für die Einhaltung deiner Grenzen, profitieren dein Kind und eure Beziehung davon: Dein Kind fühlt sich im Umgang mit dir sicher und lernt auf diese Art, wie Nähe und Distanz einander bedingen. Dann und nur dann lernt es, seine eigenen Grenzen zu erkennen und zu wahren, denn die benötigt es selbstverständlich ebenso wie du. Das ist inhaltlich eine völlig andere Aussage als »Kinder brauchen Grenzen« und zudem viel geeigneter, dich zu orientieren und eine deiner eigenen Haltung entsprechende Handlung zu finden. Gut reflektiert heißt der Mythos also: »Eltern brauchen eigene Grenzen.«

»Kinder brauchen Konsequenzen«

Noch ein Aufreger, der zwischen dir und deinem Ziel steht – einer authentischen Beziehung zu deinem Kind. Die gefühlte Ohnmacht, in deinem Kind nichts ausrichten zu können, wird dadurch allerdings abgewendet. Konsequenzen sind Auswirkungen. Konsequenzen brauchen Menschen daher nicht, sie erfahren sie ganz natürlich, ungeachtet der Tatsache, ob sie sie brauchen oder nicht. Sie treten als kausale Folge einfach ein. Gehst du im Regen ohne Schirm spazieren, wirst du in der Folge nass. Macht dein Kind keine Hausaufgaben, ist die Konsequenz, also die natürliche Folge daraus, dass es in der Schule keine Hausaufgaben präsentieren kann. Dass es nun nicht fernsehen darf, ist dagegen keine natürliche Konsequenz der nicht gemachten Hausaufgaben. Alles, was du oder jemand anderes im Anschluss an eine Entscheidung deines Kindes als Folge bewusst herbeiführt, ist damit keine Konsequenz, sondern eine Strafe. Sie ist zumeist verbunden mit der Hoffnung, dein Kind möge daraus lernen, was du für wichtig hältst: das Einhalten von Regeln, Pflichten, Vereinbarungen. Die Wichtigkeit, dies zu lernen, stelle ich übrigens explizit nicht infrage – das Mittel jedoch durchaus.

Was der Satz also tatsächlich ausdrücken soll, ist: »Kinder brauchen Strafen«, und eigentlich müsste man ihn fortführen mit »damit sie lernen, dass …«. Wenn du also strafen möchtest, damit dein Kind etwas lernt, das deinem Wunsch entspricht, dann ist das eine klare Haltung, aber dann nenn sie doch bitte beim Namen: du bestrafst. Dein Kind erfährt keine Konsequenzen und es »braucht« sie auch nicht, sondern du bist der Meinung, dass du strafen musst, weil du deinen Wunsch als wichtiger einordnest als die daraus resultierenden Folgen für eure Beziehung. Du glaubst im Sinne der Lernentwicklung deines Kindes zu handeln und keine anderen Mittel finden, um ihm deinen Wunsch näherzubringen. Damit nimmst du ihm allerdings die Möglichkeit, zu entscheiden, ob es deinen Wunsch teilt. Vielleicht glaubst du sogar, dass es von den positiven Folgen der Umsetzung des Wunsches in ihm mehr profitiert als vom Unterlassen des Mittels der Strafe. Lass dir gesagt sein: Dem ist nicht so. Wenn du strafst, hast du die Beziehung zu deinem Kind verlassen, denn Nähe, Vertrauen und Schutz vertragen sich nicht mit Strafen. Strafen erfordern ein Machtgefälle: einer hat Macht, dem anderen bleibt die Ohnmacht. Macht hat zumindest dann nichts in Beziehungen verloren, wenn du Beziehung als gleichwürdig definierst und nicht das Modell von Beziehung übernimmst, das du möglicherweise selbst erlernt und erfahren hast. Glaubst du wirklich, dein Kind wird nicht irgendwann die nächste Tankstelle überfallen, weil es Angst vor Strafe hat? Oder lässt es das sein, weil es den Sinn der Regel, Tankstellen nicht zu überfallen, verstanden und für sich als wahr erkannt hat? Welche der Varianten wünschst du dir? Und auf welche Weise wirst du sie wohl eher erreichen: Wenn du die Beziehung verlässt und mit der Überlegenheit der elterlichen Macht auf deinen Wünschen bestehst oder wenn du aus der Beziehung heraus Konsens schaffst und dein Kind den Raum erhält, in dem es lernen kann, Moral und eigene Werte zu entwickeln? Erst mit der Klarheit in Bezug auf diese scheinbar harmlose Aussage und durch die Auseinandersetzung mit deinen Elternwünschen kannst du dich entscheiden: Orientierung am Überlieferten oder innere Haltung, die dir und deiner Beziehung zu deinem Kind wahrhaftig entspricht?

»Du trägst die Verantwortung dafür, was dein Kind tut«

Schaffst du noch einen Mythos? Dieser hier hat Kraft, weil er deine Grundhaltung gegenüber dir und deinem Kind beeinflusst und ungeheure Macht hat, euren Alltag schwer und anstrengend sein zu lassen.

Kurz und knapp: Nein. Du trägst Verantwortung dafür, was dein Kind lernt und ob du mehr in seinen Rucksack packst als das, was du selbst über Beziehungen gelernt hast, über das bunte Leben und Bewusstsein, indem du ihm all das vorlebst. Dann erst kann es zu jedem Zeitpunkt seines Lebens darüber verfügen. Deine Verantwortung endet jedoch vor der Stirn deines Kindes, denn es ist ein eigener Mensch, mit eigenen Gedanken, Gefühlen, Ängsten und Sehnsüchten und einer eigenen inneren Welt, und darauf hat es alle Rechte, ganz gleich, was du dir für es wünschst. Du trägst also Verantwortung dafür, wie es sich entwickeln *kann*, nicht aber dafür, wie es sich tatsächlich entwickelt. Hierin wohnt die schmerzhafte Auseinandersetzung mit der Frage, ob dein Kind »nur« sein darf, wer es ist, oder ob es für dich wichtig ist, dass es, nur zu seinem (vermeintlich!) Besten, ein wenig anders ist. Kann es zum Besten deines Kindes sein, anders sein zu sollen? Wenn du diesem Mythos folgst, hat es deine Intuition schwer, aber die Erwartungen der Gesellschaft haben es leicht. Um deine innere Haltung einzunehmen, ist es unabdingbar, dich von diesem Erziehungsmärchen zu lösen und deinem Kind die Verantwortung für seine Entwicklung zuzutrauen. Dann traust du auch dir zu, es dabei zu begleiten, und deinem Kind, an dir und deinen Schwächen zu wachsen.

Belohnungssysteme & Co.

Säßest du neben mir, du würdest mich seufzen hören. Dieses Kapitel fällt mir schwer, denn das Gutgemeinte im Folgenden türmt sich auf wie ein riesiger, haushoher und bunt bemalter Sichtschutzzaun, der den Abgrund dahinter verdeckt, den die Abrissbirne hinterlassen hat. Du kannst nicht erkennen, wie groß der Schaden ist, der sich dahinter verbirgt, kannst nicht auf den ersten Blick erfassen, dass dein Kind Not durchlebt, wenn es dafür belohnt wird, sich von seinen Zugang zu sich, seinem Wesen und seiner Intuition zu verabschieden, weil es so abstrus normal und essenzieller Bestandteil der Sozialisierung unserer Kinder ist.

Nichts, wirklich gar nichts, mit Ausnahme jeder Form der (strafenden) Gewalt gegenüber einem Kind, untergräbt deine Beziehung zu deinem Kind und seine Beziehung zu sich selbst mehr als Belohnungssysteme jeder Art. Belohnung ist die kleine Schwester der Bestrafung, und das, was dein Kind in beiden Fällen lernt, unterscheidet sich lediglich darin voneinander, dass Strafe sofortigen und Belohnung verdeckten Schmerz verursacht. Bei der Belohnung kommt er im Deckmäntelchen des Gutgemeinten daher und rüttelt so auch noch an der Wahrnehmung deines Kindes. Dein Kind kann dich im Vergleich zur erlebten Strafe, die es als offenkundige Abwertung erlebt, nicht mal dafür ablehnen, denn du meinst es ja offenkundig gut mit ihm und es genießt durchaus die Belohnung. Was es als positiv erfährt (Belohnung) und was es als negativ wahrnimmt (die Erwartung, deinen Anspruch zu erfüllen), passen für es auf verunsichernde Weise nicht überein, während du dich fragst, was an Belohnung schon verwerflich sein sollte. Was soll schon schlimm daran sein, dem Kind ein Eis, einen Ausflug oder fünf Euro in Aussicht zu stellen, wenn es sich dafür bei den Hausaufgaben anstrengt oder eben schnell die Spülmaschine ausräumt?

Ehrlich gesagt: alles. Es ist die gesellschaftlich anerkannte Form der Konditionierung darauf, was das Umfeld des Kindes befürwortet, und wird allgemeinhin gut gefunden, gut gemeint und gutgeheißen, ohne dass es für das Kind gut wäre. Gut ist es lediglich für denjenigen, der die Belohnung in Aussicht stellt, denn seine Chancen, sein für das Kind angestrebtes Ziel zu erreichen, erhöhen sich durch die Belohnung enorm. Belohnungen sind für dich als Belohnenden also eine prima Abkürzung, das eigene Ziel zu erreichen, das du unbewusst auch gerne mal als Ziel für dein Kind tarnst. Bedauerlich nur, dass es niemals das Ziel des Kindes sein konnte. Das hätte es werden können, aber es war schon dein Ziel gewesen. Stattdessen wird es schnell zum Ziel des Kindes, die Belohnung zu kassieren. Blitzschnell hat dein Kind herausgefunden, was du wünschenswert findest und was nicht, und die Tatsache, dass es dafür anerkannt, weil belohnt wird, sorgt stetig dafür, dass seine natürlicherweise vorhandene intrinsische Motivation deiner in Form einer Belohnung bereitgestellten extrinsischen Motivation zum Opfer fällt. Dies führt nicht nur dazu, dass dein Kind über kurz oder lang Hausaufgaben und andere lästige Pflichten blöd finden muss, denn die brauchen eine Menge intrinsischer Motivation und übergeordneter Ziele, oder dass es sich ohne den äußeren, lockenden Anreiz zunehmend weniger in Bewegung setzen wird. Nein, schlimmer: Es wird regelrecht darauf konditioniert, zu wissen, was die anderen von ihm wollen, um es gut zu finden, genügend, kooperativ, strebsam, leistungsbereit. Es wird auf nette Weise angeleitet, sich an Regeln zu halten, ohne sich mit dem Inhalt zu identifizieren, und abzuliefern, ohne sich in der abgelieferten Handlung wiederzuerkennen. Noten funktionieren ebenfalls nach diesem Prinzip. Ein Kind lernt auf diese Weise abzuliefern, die Stimmen im Außen, deren Erwartungen, Meinungen und Ansprüche über die eigenen zu stellen und sie manchmal sogar als die eigenen zu verinnerlichen. Und dann wundern wir uns alle darüber, dass das Kind über keine intrinsische Motivation verfügt, sich unangenehmen Herausforderungen zu stellen und lästige Pflichten zu übernehmen?

Klingelt da was? Genau, wir verursachen mit Strafen, Stempeln, Gewitterwolken und Belohnungssteinen in unseren Kindern den Verlust der eigenen Intuition, den Zugang ins eigene Wesen mit seinen ureigenen Motivationen, der ihnen dann als Erwachsene fehlt. Spürbar wird das erst dann wieder, wenn Erwachsene das Gefühl haben, nach sich selbst suchen zu müssen, wenn sie sich und ihre Gefühle nicht gut spüren, enormen Druck empfinden oder einen Leistungsanspruch entwickeln, unter dem sie leiden. Oder wenn sie glauben, immerzu der Umwelt genügen zu müssen, wenn sie psychosomatische Krankheiten und Erschöpfungszustände durchleiden oder eventuell erst dann, wenn sie eigene Kinder haben und orientierungslos nach Halt und Handlung im Außen suchen, weil die Probleme im Umgang mit dem eigenen Kind nicht mehr zu leugnen sind. Andere Ergebnisse erzielt man mit anderen Mitteln, und wenn du heute eure Belohnungstafel im Restmüll entsorgst, so hast du einen entscheidenden Schritt getan.

Ich verspreche dir, dein Kind wird lernen, sich an Regeln zu halten – nämlich dann, wenn es den Sinn dieser Regel versteht, die Regel allen dient und nicht nur demjenigen, der sie aufgestellt hat, und vor allem, wenn es sich mit dem Sinn der Regel identifiziert und er seinen Werten entspricht. Dazu muss es den Raum einnehmen dürfen, eigene Moralvorstellungen zu entwickeln, daran auch mal zu scheitern und andere als deine Werte zu entwickeln. Ich verspreche dir, du musst nicht für dein Kind wollen, dass es dir folgt und ein toller Mensch wird. Dein Kind möchte dir längst folgen, das ist seine Grundeinstellung, und es ist bereits ein toller Mensch, der nach Entfaltung strebt und der sich über dein absichtsloses Lob freut, wo vorher absichtsvolle Belohnung wartete. Um diese Grundeinstellung in ihm verändern zu können, musst du dich schon sehr anstrengen. Belohnungen und Bestrafungen sind dazu wunderbar geeignet, denn sie finden immer außerhalb eurer Beziehung statt und schaffen die Distanz, aus der heraus dein Kind dir nicht mehr folgen kann. In der Folge brauchst du vermutlich immer noch mehr Belohnung und Bestrafung, um es folgsamer zu machen. Belohnungen verursachen also ein Problem, das wir nicht hätten, wenn wir nicht belohnen würden, und schließlich braucht es noch mehr Belohnung, um dieses Problem dann in Schach zu halten. Das ist ein bisschen so, als würdest du dir immer wieder immer engere Schuhe kaufen, nur um immer wieder in immer größeren Genuss zu kommen, sie wieder auszuziehen. Sehr absurd. Also komm zurück in eure Beziehung. Sie verträgt keine derartigen Erziehungsmittel, auf denen zwar »Hilfe« steht, in denen aber »Schaden« drinsteckt. Innerhalb der Beziehung triffst du auf Lösung und Vertrauen – sofern du sie nicht halbherzig führst und du der Verlockung am Wegesrand, dem Halt des Überholten und den scheinbaren Möglichkeiten, dein Kind auf seinem Weg kontrollieren zu können, widerstehen kannst. Kinder, die nicht »hören«, fordern uns genau hierzu auf, denn sie hören auf sich selbst, weil ihre eigene innere Stimme einfach lauter ist als die der Eltern. Das mag anstrengend und herausfordernd sein, aber nichts daran ist falsch, und für alle Beteiligten gibt es dabei viel zu lernen.

Vermeidungsstrategien

Du kannst auch tun, ohne zu tun, nämlich indem du etwas lässt, und du kannst sogar lassen, ohne das zu bemerken, und dich dann über das Ergebnis wundern – klasse, oder? Das gelingt am besten durch die Entwicklung einer Vermeidungsstrategie. Du ahnst ja gar nicht, wie oft ich in meiner Praxis den Satz höre: »Also, bis ich Kinder hatte, gab es dieses Problem in meinem Leben nicht.« Dann freu ich mich immer, denn es wird ein gemeinsames Fest, mit den Klienten die Vermeidungsstrategien aufzudecken, die sie vor dem Auftauchen des Problems – genauer gesagt: vor der bewussten Wahrnehmung der Existenz des Problems – beschützt haben. Was auch immer als Problem empfunden wird – zu schnell zu laut zu werden, sich angegriffen fühlen, in der eigenen Freiheit beschränkt zu sein, innerer Druck und für alles und jeden die (emotionale) Verantwortung zu tragen – die belastende und austauschbare Situation also, war schon immer da, selbst dann, wenn sie für dich nicht spürbar war. Vielleicht nicht von Geburt an, aber das »Problem« ist auf jeden Fall im Laufe der ersten Lebensjahre geboren worden, denn dort entsteht unser Blick auf die Welt, die wir fortan als »die« Welt erleben werden. Im Zusammenleben mit deinem Kind wird heute nur sichtbar, wovor du gestern erfolgreich ausgewichen bist. Wie sollte es auch anders sein? Einen Partner kannst du verlassen, einen Job kannst du wechseln, selbst die Beziehung zu deinen Eltern kannst du auf schmerzhafte Weise abbrechen, vor deinem Kind aber läufst du nicht einfach davon. Da heißt es stehen bleiben, denn du fühlst sehr genau, dass ihm auszuweichen nicht nur bedeuten würde, es zu verraten, sondern auch, der Begegnung mit dir selbst zu entfliehen.

Im ersten Schritt bitte ich Klienten dann immer, mal einen Tag lang »Trüffelschwein« zu spielen. Sie sollen sich ganz bewusst einen Tag lang auf die Suche nach ihren ganz persönlichen Vermeidungsstrategien machen, mit denen sie dem ausweichen, was sie irgendwann in sehr frühen Tagen einmal als unangenehm, nicht zu bewältigen und vielleicht sogar gefährlich empfunden und, ohne sich daran zu erinnern, mit einer leuchtenden Aufschrift »nicht wiederholen, nie wieder vorbeischauen« markiert und verbuddelt haben.

Das kann alles Mögliche sein, denn die Natur des Menschen ist darauf ausgerichtet, Schmerzen jeder Art zu vermeiden. Vermeidung verstehen wir als die Handlung, die der Konfrontation mit dem Unbewältigten ausweicht. Dazu braucht es keine schreckliche Kindheit und keine traumatischen Erlebnisse. Es reicht vollkommen, Situationen subjektiv als nicht zu bewältigen erfahren zu haben, selbst dann, wenn sie objektiv zu bewältigen gewesen wären oder tatsächlich waren, denn es gibt dich ja noch immer, also hast du offenkundig einen Weg der Bewältigung gefunden.

Jeder entwickelt Strategien dieser Art, weil ausnahmslos jeder Mensch aufs Überleben programmiert ist. Vermeidung hilft beim Überleben, hat aber die Tendenz, dein Leben sehr eng und unlebendig werden zu lassen. Dauerhaft kannst du dem als Gefahr oder unangenehm erlebten Gefühl kaum ausweichen, und wenn, dann nur, wenn du einen sehr hohen Preis der Selbstverleugnung und des Verlusts der inneren Freiheit zahlst. Wer beispielsweise Ablehnung für Teile seiner Persönlichkeit erfahren hat, vermeidet diese erlebte Ablehnung fortan. So ein Erlebnis kommt häufig vor, denn ein junges Kind kann kaum unterscheiden, ob eine Ablehnung seine Handlung betrifft oder sein Wesen. Der empfundene Schmerz wiegt zu schwer und es ist leichter, der elterlichen Ablehnung durch den angestrengten Versuch des Genügens auszuweichen, als immer wieder Zurückweisung zu erfahren und mit ihr all die Gefühle der Schuld und der Scham. In der Nichtanerkennung seines Wesens liegt für ein Kind zudem immer auch die Gefahr des drohenden Bindungsverlusts – für ein Kind der Inbegriff des emotionalen Todes und daher unbedingt und unter allen Umständen zu vermeiden – jetzt und für alle Zeiten. So tickt die Psyche.

Fortan wird es also versuchen, die Erwartungen und an Bindung geknüpften Bedingungen der Umgebung zu erfüllen und abzuliefern, was diese sich von ihm an Verhalten wünscht, indem es einfach »richtig« handelt und »richtig« ist – was auch immer das für die Umgebung bedeuten mag. Es wird besonders viel leisten, dabei über die eigenen Grenzen gehen, sich eher um die Bedürfnisse der anderen drehen als um die eigenen, es wird besonders achtsam, folgsam oder kooperativ sein – all das, um die empfundene Abweisung seines Wesens möglichst nie mehr spüren zu müssen. Damit ist die Vermeidungsstrategie geboren. Wenn man sich dann als Erwachsener einen Tag lang auf die bewusste Suche danach macht, wie sehr man damit beschäftigt ist, Ablehnung auszuweichen und stattdessen Zustimmung oder Anerkennung zu erhalten, also die als sicherste Form der Bindung gespeicherte Erfahrung, gehen einem ganze Kronleuchter auf.

Vermeidungsstrategien funktionieren ein Leben lang deshalb so gut, weil sie unsere Sicht auf die Welt erhalten und wir mit ihnen an unserer Seite niemals unsere Komfortzone verlassen müssen. Alles bleibt, wie es ist, und das finden wir gut so, denn das ist sicher, und so mag es dein innerpsychisches Gleichgewicht gerne. Bis du ein Kind hast. Das Kind, das du so sehr liebst und das dir so nahe ist, dass du ihm nicht ausweichen kannst, stellt dich unbeabsichtigt vor die Wahl: Bist du bereit, dem Unbewältigten in dir zu begegnen, um die Ursache für eure Beziehungsprobleme zu entdecken? Vielleicht geht es dir auch zu weit, so genau in dich hineinhorchen zu sollen. Vielleicht möchtest du deine Welt einfach nur symptomatisch wieder geraderücken. Dann verkennst du, dass der Kampf mit deinem Kind nur stellvertretend für das stattfindet, was in deinem Unterbewusstsein vor sich geht. Dann leugnest du, was ist, und kämpfst gegen dich selbst.

Aber dafür liest du nicht dieses Buch. Du liest dieses Buch, um Klarheit darüber zu erlangen, was dich von der Realität trennt, die du dir für dein Kind und dich wünschst, und wie du das verändern kannst. Denn du bist nicht bereit, deiner unerkannten Prägung die Hauptrolle in deinem Leben zu überlassen und damit an dir und deinem Kind in eurer wahren Natur vorbeizuleben. Du weißt sehr genau, dass in der Beziehung zum Kind immer der Erwachsene die Verantwortung für die Gestaltung der Beziehung trägt und dieser Verantwortung stellst du dich, sodass dein Kind lernen kann, wie Beziehung mit uns selbst funktioniert. Dann findest du heraus, wieso du es nicht ertragen kannst, dass dein Kind von der Lehrerin abgelehnt wird, wieso du den Konflikt oder das Wahren deiner Grenzen scheust oder warum dich die Unabhängigkeit deines Kindes kränkt. Die Auseinandersetzung mit deinen Vermeidungsstrategien, die noch heute deine Handlungen bestimmen (unglaublich, oder?), ist die Voraussetzung für eine gelungene Eltern-Kind-Beziehung. Ja, ich würde sogar so weit gehen, zu behaupten, dass dein Kind erst dann die Möglichkeit hat, seine wahre Natur zu leben und sein volles Potenzial zu entfalten, wenn du mit dir im Reinen bist und Klarheit über deine Beweggründe und deine Ziele hast. Erst dann muss dein Kind nicht mehr damit beschäftigt sein, deine Themen von sich fernzuhalten oder deine inneren Konflikte zu lösen, die du auf es überträgst. Das gilt gerade dann, wenn du das Gefühl hast, dass nichts von all dem heute noch eine Rolle für dich spielt und du das Gestern längst hinter dir gelassen hast. Sei dir sicher, es wird niemals möglich sein, all das in Gänze hinter dir zu lassen. Nur weil du es nicht merkst, es nicht zuordnest oder es dir anders denkst und wünschst oder es leugnest, ist es dennoch so: Deine Prägung spielt die Hauptrolle in deinen Beziehungen. Die Dinge um dich herum ändern sich dann, wenn du dir die unbewussten Teile deiner Persönlichkeit vorknöpfst, die heute geeignet sind, die Beziehung zu deinem Kind zu belasten. Die verbessert sich nämlich proportional zu deiner Bereitschaft zur Auseinandersetzung mit dir und deinen in dir gespeicherten Erfahrungen, und nebenbei lebst du dann die nächsten Jahrzehnte ganz wunderbar lebendig und in harmonischer Beziehung mit dir selbst.

Projektionen und Externalisierung

Projektionen und Externalisierung verfügen über die größte Macht, deine Beziehungen zu sabotieren. Im schlimmsten Fall haben sie die Macht, die Beziehung deines Kindes zu sich selbst zu untergraben, so wie es Millionen von Menschen erfahren haben und weiterhin erfahren. Dies hier ist schattigster Schattenanteil. Projektionen und Externalisierungen haben dann ihren Auftritt, wenn du sehr unbewusst bist oder deine geleugnete Angst, dich dir und deiner Verantwortung zu stellen, sehr groß ist. Das ist gar nicht so selten, denn es braucht schon eine Menge Mut und Stärke und innere Bereitschaft, die Verantwortung bei dir selbst zu suchen. Es ist ja viel leichter, die Umwelt, die Eltern, den Chef, die Gesellschaft, den Staat und das naturgemäß sehr unterlegene Kind für das in die Verantwortung zu nehmen, was in unserem Leben nicht rund läuft. Es ist so viel leichter, nicht daran schuld zu sein, dass das eigene Kind leidet oder die Beziehung nicht läuft wie gewünscht.

So viele Menschen stellen sich ihren inneren Themen und Prozessen nicht, weil sie nicht wissen wie, oder weil sie glauben, dass es Jahre der Psychoanalyse braucht, oder weil sie riesige Angst davor haben, sich schuldig fühlen zu müssen, weil sie ja verursacht haben, was auch immer sie verursacht zu haben glauben. Dabei verkennen sie vollkommen, dass es unmöglich ist, Schuld an etwas zu haben, von dessen Existenz sie nicht wussten. Du trägst keine Schuld, wenn dir Zusammenhänge nicht bewusst sind, die dich anders hätten handeln lassen, aber du trägst Verantwortung dafür, ein Bewusstsein zu schaffen, um eine echte, wahrhaftige und authentische Beziehung zu deinem Kind zu schaffen. Verantwortung ist nicht Schuld und bei all dem, was wir uns hier anschauen, geht es nie um Schuld, es geht immer nur um Kausalität, um Ursache und Wirkung. Die Dinge sind so, weil sie sich bedingen. Die Dinge sind nicht so, weil du dich dazu entschieden hättest, Schuld auf dich zu laden. So wie dein Kind nur herausgeben kann, was es zuvor von dir und an dir gelernt hat, handelst auch du nur nach deiner gelernten Logik.

Ich bin sicher, dass du keine Schuld daran trägst, wie dein Leben sich darstellt. Das sollte dich aber nicht davon abhalten, dir die Verantwortung dafür, wie dein Leben sich darstellt, zurückzuholen. Mach den Anfang, indem du dich heute mit den innerpsychischen Prozessen beschäftigst, die dir Gutes wollen: Sie möchten, dass du dich selbst weiterhin als positiv wahrnehmen kannst, beschützen dich vor Angst und sorgen so für dein inneres Gleichgewicht. Projektion und Externalisierung sorgen für deinen Schutz. Dieses Streben deiner Psyche nach Balance fordert jedoch einen Tribut: Dein Kind zahlt dafür mit seinem Selbstbild. Ich unterscheide an dieser Stelle nicht zwischen Externalisierung und Projektion, weil die Übergänge mitunter fließend und sehr theoretischer Natur sind. Für beide gilt: Es handelt sich um einen Abwehrmechanismus deiner Psyche, bei dem du negative Selbstanteile, innere Motive oder Zuschreibungen nach außen abspaltest, um dich selbst weiterhin als positiv wahrnehmen zu können, denn darauf bist du angewiesen. Das klingt alarmierend, ist aber ein ganz gewöhnlicher Prozess, den jeder in Grundzügen von sich kennt, denn die Psyche ist keine starre Einheit, sondern ist ständig mit Externalisieren, Internalisieren und Projizieren beschäftigt. Es ist eben leichter und vordergründig angenehmer, den Partner in seiner Aggressivität dafür verantwortlich zu machen, wieso ein Konflikt mal wieder eskaliert ist, als sich der eigenen Aggression zu stellen. Die Psyche ist sehr zufrieden, wenn sie sich der Angst, die die eigene Aggression auslöst, nicht stellen muss und sich gleichzeitig weiterhin als positiv wahrnehmen kann, weil ja der andere verantwortlich ist – das rettet das Selbstbild.

Das führt bereits in einer gleichberechtigten Partnerschaft zu allerlei Verstrickungen und anderen Beziehungsproblemen, die dir ganz sicher schon mal begegnet sind. In der Eltern-Kind-Beziehung ist Externalisierung aufgrund des noch immer bestehenden Machtgefälles, der Vulnerabilität der Persönlichkeitsbildung und der noch geringen und erst auszubildenden Resilienz des Kindes jedoch geeignet, zum Eigenbild deines Kindes zu werden. Ein Kind, das den Folgen der Externalisierung der abgelehnten Anteile seiner Eltern ausgesetzt ist und von seinen Eltern immer wieder hört, dass es aggressiv und der Störenfried im Hause sei, dass es wertlos, eine Last oder beschämend sei, wird diesem Bild irgendwann entsprechen, ohne es zu wollen oder es jemals gewesen zu sein. Jede Zuschreibung an dein Kind hat die Macht, sein Selbstbild zu bilden, und das so lange, bis es sich als Erwachsener auf den Weg macht, sich von all den Zuschreibungen zu trennen, die nie Teil seiner wahren Natur waren. Also so wie du gerade. Jede Projektion nicht aushaltbarer Anteile lässt bei deinem Kind ein »fehlerhaftes« Selbstbild entstehen. Es geht bei diesen unbewussten Vorgängen also immer um die Abwehr von Verantwortung und den Versuch des Erhalts der Identität, die unserem Selbstbild entspricht. Dem Gegenüber eigene Anteile unterzuschieben und gleichzeitig ganz sicher zu sein, dass der andere tatsächlich so ist, wie man ihn wahrnimmt, ist im ersten Moment entlastend und befreit von Schuldgefühlen. Im nächsten Moment stellt es sich aber als eine nicht ungefährliche Übergriffigkeit am Gegenüber heraus, die vermutlich nicht in Gänze vermeidbar, aber mit entsprechendem Bewusstsein doch erheblich zu minimieren ist. Bis du dir über ihre Existenz und ihren Nutzen bewusst bist, sind Projektion und Externalisierung geeignet, deinen Schattenanteilen ein neues Haus außerhalb deines Selbst und innerhalb des Selbst deines Kindes zu geben oder in deinem Kind zu bekämpfen, was du an dir ablehnst.

Beides ist keine Bürde, die du deinem Kind jemals bewusst aufladen würdest, und dennoch passiert es nahezu jedem Elternteil und das die ganze Zeit: Für dich ist es dein Kind, das nicht deine Grenzen wahrt und dabei egoistisch ist, nicht aber du, die du deine eigenen Grenzen nicht wahrnimmst und die Verantwortung dafür an das Kind externalisierst. Dann ist es dein Kind, das deine Selbstbestimmung untergräbt und dir kaum Luft zum Atmen lässt, nicht aber dein von dir unterdrücktes Bedürfnis nach Autonomie. Dann ist es dein Kind in seiner Faulheit, um dessen Lebenslauf du bangst, und nicht dein mangelndes Vertrauen in seine Lust aufs Leben, was eure Beziehung belastet. Dann ist es die Unfähigkeit deines Kindes, stillzusitzen und Erwartungen zu erfüllen, und nicht deine Erwartung an seine Anpassung, die deiner eigenen Furcht vor Ablehnung entspringt. Dann ist es dein wütendes Kind, das die Aggression in dir weckt und nicht deine von dir nicht erlaubte Aggression, die es dir so schwer macht, es auch in diesen Momenten zu akzeptieren. Ich könnte ewig so weiterschreiben.

Wann immer du deinem Kind etwas zuschreibst, stell sicher, was an dieser Zuschreibung dir gehört. Augenblicklich entlässt du damit dein Kind aus der Falle, denn dein Bewusstsein um deine Neigung zur Externalisierung ist für dein Kind die Freiheit, es selbst sein zu dürfen und nicht mehr gegen dich und deine Zuschreibungen kämpfen zu müssen, oder schlimmer, sich ihnen zu ergeben und sie als Teil der eigenen Identität zu verinnerlichen.

Gehen wir noch einen Schritt weiter und stellen uns nicht nur vor, dass Projektion stattfindet, sondern auch, was Eltern mit den Anteilen, Zuschreibungen und Motiven, die sie in sich nicht ertragen können und die sie daher externalisieren müssen, im Gegenüber bewirken. Wohlgemerkt, in dem Gegenüber, für das Eltern die besten Wünsche hegen, das aber aufgrund seiner emotionalen Abhängigkeit in der schwächeren Position ist. Sie werden so handeln wollen, um im Kind zu bewirken, dass es etwas aufgibt, das sie für grundlegend falsch halten. So falsch, dass sie es schon in sich nicht ertragen können und es daher in sich ablehnen, weil es einmal in ihnen abgelehnt wurde. Eltern bekämpfen diese Anteile im Kind, von denen sie nicht mal ahnen, dass sie ihnen gehören. Sie verzweifeln nahezu an der Tatsache, dass das Kind genau die Eigenschaft mit sich bringt, die sie im Leben für so falsch und störend halten, dass sie ihr Kind davor beschützen müssen, über sie zu verfügen. Doch das Auftreten dieses unerwünschten Verhaltens ist kausal begründbar: Das Kind kann nur hervorbringen, was es zuvor von uns gelernt hat. In dieser Situation wäre es also klug, herauszufinden, was das Kind von uns gelernt haben muss, um genau dieses Verhalten zu zeigen. Zugegeben: Das ist manchmal ganz schön herausfordernd, insbesondere wenn wir am Anfang dieser Reise stehen, denn im eigenen System neigen wir zu außerordentlicher Blindheit, aber es ist durchaus machbar. Stattdessen haben Eltern aber gelernt, ein im Außen auftauchendes Problem auch im Außen zu lösen – in diesem Fall im Kind – und sie verkennen dabei ein ums andere Mal, dass das Problem in ihnen besteht und sie es externalisiert haben. Stattdessen wenden sie aus Mangel an Alternativen Bestrafungen und Belohnungen an, um zu erreichen, dass das Kind das unerwünschte Verhalten und das Ungewollte, das Unerträgliche in seinem Wesen aufgibt. Dabei wäre es doch so viel naheliegender und zielführender, die Projektion zu sich zurückzuholen und an ihr und mit ihr dort zu arbeiten, wo sie entstanden ist: in sich selbst.

Manchmal geht der Kampf so weit, dass es Diagnosen und Therapien braucht, um das Unbegreifliche greifbar und benennbar und vor allem behandelbar zu machen. In bestimmten Fällen ist sicherlich eine Diagnostik notwendig, aber in viel weniger Fällen, als wir gemeinhin glauben, und für jede medizinische Erstdiagnose des eigenen Kindes lohnt sich sicher eine Zweit- oder Drittmeinung. Nach einer Untersuchung des »Journal of Evaluation in Clinical Practice« kamen die Forscher um James Naessens in Zusammenarbeit mit der Mayo Clinic in Minnesota zum erschütternden Ergebnis, dass nur 12 Prozent aller medizinischen Erstdiagnosen in einer Nachuntersuchung durch Kontrollärzte von Bestand waren. Es ist außerdem zu bedenken, dass auch jede körperliche Erkrankung eine psychische Dimension hat, zumindest dann, wenn wir Körper, Geist und Seele als Einheit betrachten, was wir hier tun. Bei der psychischen Diagnostik an Kindern kommt erschwerend hinzu, dass das Symptom eher nur in Ausnahmefällen ganzheitlich und systemisch betrachtet wird, das Kind aufgrund einer erhaltenen Diagnose paradoxerweise aber mitunter auch mit einer Stigmatisierung zu leben hat. Das ist tragisch, weil das Kind auf die Systeme, in denen es lebt – Familie sowie Schule oder Kindergarten –, als Lernumfeld angewiesen ist. Da das Verhalten des Kindes eine Reaktion auf eine Lernerfahrung ist, auch auf eine unvollständige oder in sich fehlerhafte, ist somit ausnahmslos in diesen Systemen dessen Ursache zu finden. Oder anders ausgedrückt: Jedes für uns merkwürdige Verhalten eines Kindes ist nicht unweigerlich pathologisch, sondern im ersten Schritt vor allem in sich schlüssig. Ihm geht stets ein unbewältigter innerer Konflikt voraus, der vom Umfeld nicht erkannt oder aufgrund fehlender Strategien nicht gelöst werden konnte. Die Diagnose eines Störungsbildes und die daraus resultierende Behandlung dieser Störung sollten im Sinne des Kindes nur ausnahmsweise und nicht regelmäßig das Prozedere sein, ungewöhnlichem Verhalten zu begegnen. Dies setzt voraus, dass wir Verhalten nicht mehr losgelöst vom Lebensumfeld des Kindes betrachten, sondern als kohärente Reaktion, die ein Symptom hervorbringt, welches es ursächlich und damit systemisch zu lösen gilt.

Ich habe in meiner Praxis unzählige Fälle gesehen, in denen Eltern den verzweifelten Wunsch hatten, ihren scheinbar unlösbaren Problemen mit ihrem Kind einen Namen zu geben, und ich kann sehr gut nachvollziehen, dass es leichter ist, eine Krankheit mit allen dann zur Verfügung stehenden Mitteln zu bekämpfen oder zu behandeln, als sich den eigenen Schuldgefühlen zu stellen. In der Psychologie nennen wir das Krankheitsgewinn: Jeder objektiv und subjektiv empfundene Vorteil, den die Erkrankung mit sich bringt, dient dem Kranken. Hier liegt der Nutzen jedoch klar auf Elternseite. Denn ein Kind profitiert wohl kaum von dem Glauben, einen Defekt in sich zu tragen, während dieser in Wahrheit das Ergebnis einer unbewussten Verkettung kausaler Umstände ist.

Fallbeispiel: Martina und Isa

Ich erinnere mich sehr gut an die Zusammenarbeit mit Martina und ihrer Tochter Isa, damals 14, und an die Not, die ich bei Martina in unserem telefonischen Erstgespräch wahrnahm. Sie war sehr verzweifelt und in Sorge und in einer scheinbar aussichtslosen Situation gefangen. Sie berichtete mir, dass ihre Tochter in fünf Tagen nach einem sechswöchigen Aufenthalt aus der Psychiatrie entlassen werden würde und sie nicht wisse, ob sie sie wieder zu Hause aufnehmen oder ihre Unterbringung in einer Wohngruppe organisieren solle. Ihre Schuldgefühle waren für sie kaum aushaltbar und nur übertroffen von ihrem Gefühl der Ohnmacht angesichts der Erlebnisse der letzten Monate.

Isa sei stets ein liebes, zuvorkommendes und anhängliches Mädchen gewesen, auf das man sich verlassen konnte und das nie irgendwelche Probleme gemacht habe. Schulisch sei sie bis vor kurzem wegen Hochbegabung (ich behaupte: trotz Hochbegabung) ein wahrer Selbstläufer gewesen, sie habe stets angenehme Freunde gehabt und sich verlässlich gezeigt. Ihr Familienleben sei völlig unspektakulär und ohne größere Probleme verlaufen, was sich mit Isas Eintritt in die Pubertät schlagartig verändert habe. Isa sei rebellisch und uneinsichtig geworden, habe autoaggressives Verhalten gezeigt und sich neue Freunde gesucht, die offensichtlich schlechten Einfluss auf Isa ausübten. Martina führte den Wandel ihrer Tochter klar auf den Wechsel des Freundeskreises zurück. So sei sie vor einigen Monaten von zu Hause ausgerissen und sei abwechselnd bei ihren neuen Freunden untergekommen oder habe zeitweise auf der Straße gelebt. In dieser Zeit, in der Martina nur sporadisch Kontakt zu Isa hatte, äußerte Isa suizidale Absichten, die die psychiatrische Einweisung nach sich zogen.

Wir alle können uns vorstellen, wie viele schlaflose Nächte das Martina gekostet haben muss, wie schuldig, verzweifelt und hilflos sie sich gefühlt und welche Höllenqualen sie erlitten haben muss, während ihr die bis dato als intakt wahrgenommene Beziehung zu ihrer Tochter dermaßen aus den Händen glitt.

Das Mädchen war nach Aussage der Ärzte in jeder Hinsicht kerngesund. Für mich wenig überraschend musste ihr Verhalten also andere, systemische Ursachen haben. In mehreren Gesprächen mit mir kam Martina vor Isas Entlassung zu dem Entschluss, es mit ihrer Tochter »nochmals daheim versuchen zu wollen«, und überwand ihre Zweifel, dieser Herausforderung gewachsen zu sein. Tatsächlich würde Martina eine Menge an Wachstum zu vollziehen haben. Ihre Entscheidung war jedoch ein wichtiges Bekenntnis zur starken Bindung zu ihrer Tochter.

Ich besuchte die Familie erstmals ein paar Tage nach Isas Entlassung aus der Klinik. Für die Zeit bis dahin hatten wir für Martina ein paar Verhaltensregeln gegenüber ihrer Tochter verabredet, und sie bemühte sich sehr, sich daran zu halten. Sie ließ ihr den Raum, wieder zu Hause anzukommen, suchte keine Gespräche, stand aber jederzeit für Gespräche zur Verfügung, wenn Isa Interesse signalisierte. Martina konnte ihre Erwartungen und ihren Schmerz, ihre Ängste und ihre Bitterkeit als ihre Wahrnehmung benennen, ohne Isa daraus Vorwürfe zu machen oder sie dafür in die Verantwortung zu nehmen. Kurzum: Sie gestaltete ein Klima, in dem Isa einfach ankommen und sein durfte und in dem einmal kein Familienmitglied die Erwartungen eines anderen bedienen musste. Zusätzlich bat ich Martina darum, Isa unsere Zusammenarbeit vorrangig als Martinas Aufgabe zu erklären – was auch stimmte. Martina sollte ihrer Tochter signalisieren, dass sie sie bedingungslos akzeptierte, selbst dann, wenn sie Dinge tat, die sie verletzt hatten und weiterhin verletzen würden. Nun sei es an Martina, dazuzulernen, damit Isa sich in der Beziehung wohler fühlen könne.

Diese Haltung erwarten wir von all unseren Klienten, in Isas Fall war es jedoch noch ein bisschen wichtiger. Das lag zum einen daran, dass Martina erwähnte, dass Isa sich von jeder Art therapeutischer Arbeit in der Klinik nicht begeistert zeigte, und zudem vermutete ich, dass Isa eben gerade die Erfahrung der bedingungslosen Akzeptanz vermisste. Außerdem erleichtert es uns Coaches die gemeinsame Arbeit ungemein, wenn Kinder wissen und spüren, dass ihre Eltern fehlbar sind, diese das anerkennen und für das Kind benennen und dann sogar noch für sie bereit sind, so richtig und mit der Hilfe eines Profis dazuzulernen. Martina hat das umgesetzt, und bereits bei meiner Ankunft konnte sie mir davon berichten, dass zwischen den beiden vorsichtige Nähe entstehe und sie sehr achtsam miteinander umgingen. Sie erlebe Isa seit ihrer Rückkehr als unerwartet sanft und zugänglich.

Isa lernte ich als begabte und empfindsame Heranwachsende kennen, die sich viele kluge Gedanken um ihre Mutter machte und überaus froh war, wieder zu Hause zu sein. Sie litt darunter, ihrer Familie, insbesondere aber ihrer Mutter, solch großen Kummer bereitet zu haben. Sie berichtete mir, dass der Freundeskreis nicht der Auslöser für ihre Wandlung gewesen sei, sondern andersherum die Folge. Und das Ausreißen sei ein Ausdruck völliger Ohnmacht und Hilflosigkeit gewesen, ihre Mutter emotional zu erreichen und ihr ungestilltes Bedürfnis nach bedingungsloser Nähe befriedigt zu sehen. Viele Jahre lang habe sie versucht, den Erwartungen ihrer Mutter zu entsprechen, das sei ihr wichtig gewesen. Selten begegnet mir jemand mit einer so hohen Kompetenz für ihre eigenen innerpsychischen Vorgänge wie sie. Isa analysierte glasklar, dass es der innere Druck war, den mütterlichen Erwartungen standzuhalten, der sie dazu brachte, sich Haare und Wimpern auszureißen, und sie konnte den Moment benennen, in dem das Fass erstmals überlief. Es handelte sich um eine Situation, in der sie bei einer Familienfeier in einen Konflikt mit ihrer ganzen Familie geriet, dem sie sich nicht gewachsen fühlte. Die Familie erwartete, sie möge mit derselben Begeisterung an der Feierlichkeit teilnehmen wie die anderen anwesenden Kinder. Es gab Vorwürfe, wieso sie ihre Wünsche nicht unterordnen und ihr Verhalten nicht anpassen könne. Ihr Bedürfnis, auch in diesem Konflikt in Verbindung mit ihrer Mutter zu bleiben und sich ihrer Zuneigung und Bindung rückzuversichern, ließ sich nicht mit ihrem schon lange unterdrückten Versuch in Einklang bringen, für sich und ihre Persönlichkeit autonom und uneingeschränkt einzustehen. Damit war diese Situation stellvertretend für viele andere, die sie zuvor erlebt hatte. In dieser Zerrissenheit, in der Isa ihrer Empfindung nach dazu aufgefordert wurde, ihre Gefühle nicht zu fühlen und den Gefühlen anderer unterzuordnen, entwickelte sich zunehmend Wut auf ihre Mutter, die sie glaubte unterdrücken zu müssen, um die Nähe zu ihr nicht noch mehr zu gefährden. Der sich aufbauende innere Druck, nicht für sich und nicht gegen ihre Mutter sprechen zu können, weil alle Gefühle sich ihrer Angst vor dem Verlust der Bindung, Anerkennung und Zuneigung unterordnen mussten, muss für Isa unerträglich gewesen sein. So unerträglich, dass sie zuerst in Autoaggression Entlastung fand und später aus der Situation flüchten musste. Dabei hoffte sie, ihre Mutter würde das Band zu ihr nun fester spannen. Sie schuf also Distanz, um sich Nähe zu sichern, weil sie über keine Handlungsstrategien verfügte, um den Konflikt ihrer scheinbar unvereinbaren Bedürfnisse zu lösen.

Bei Martina handelte es sich um eine sehr patente Frau, die Probleme anpackte und löste, die genau wusste, was wann für wen zu tun ist, und sehr klare Vorstellungen davon hatte, wie das Leben ihrer Kinder idealerweise auszusehen hatte. Auf sie war jederzeit Verlass und sie bemerkte kaum, wie normal es für sie war, dabei ständig ihre eigenen inneren Grenzen der Belastbarkeit zu übergehen. Sie konnte nicht stillstehen, denn dann wäre sie einer unerträglichen Leere begegnet, die sie als unaushaltbar bezeichnete. Dieser Zustand ihres Familienlebens war es gewesen, den Martina im Erstgespräch als »unspektakulär« und »ohne größere Probleme« bezeichnet hatte. Es war für sie völlig normal und entsprach vollkommen ihrem gelernten Bild von der Welt, sich abwechselnd überfordert und leer zu fühlen. Martina war der lebende Beweis dafür, dass äußere Geschäftigkeit eine hervorragende Vermeidungsstrategie ist, der inneren Leere nicht zu begegnen, die vor sehr langer Zeit entstanden und im Laufe der Jahre von ihr als »normal« angesehen wurde. In ihrem durchgetakteten und bis dahin von ihr nicht als unlebendig wahrgenommenen Alltag sorgte sie dafür, dass Dinge, Umstände und auch Menschen vorhersehbar waren und keine unkontrollierbaren Zwischenfälle die scheinbare Ruhe stören könnten.

Martina hat selbst in ihrer Kindheit auf vielfältige Weise Grenzverletzungen erfahren, ihre Meinung und ihre Bedürfnisse zählten nicht sonderlich viel. Worauf es ankam, war, einigermaßen zu funktionieren und möglichst wenig aufzufallen. Sehr früh lernte Martina zu erkennen, was ihre Bezugspersonen von ihr forderten, und sehr früh verlernte sie daher zu spüren, was sie selbst ausmachte und was sie brauchte. Die auf diese Weise entstehende Leere nahm sie über die Jahre ihrer Kindheit hinaus kaum mehr wahr. So wurde die unangesehene Leere in ihr zu einem blinden Fleck, den sie mit noch mehr Geschäftigkeit unbewusst zu kontrollieren versuchte. In diesem Klima der fehlenden Geborgenheit und des emotionalen Halts konnten weder Martinas emotionales Grundbedürfnis nach Bindung, Nähe und Schutz noch ihr Bedürfnis nach Autonomie befriedigt werden. Sie trug diesen Mangel an bedingungsloser Bindung und Nestwärme in ihre Beziehung zu ihren Kindern weiter – wie sollte es auch anders sein, denn auf diese Weise hatte sie die Welt der Liebe kennengelernt, und dass das alles mit den Konflikten mit ihrer Tochter zusammenhing, ahnte Martina bisher nicht einmal. Mit Isas Ausreißen änderte sich quasi über Nacht der Boden, auf dem Martina sich mit ihren Beziehungen bewegte. In Isas Welt jedoch war diese Reaktion ein schlüssiger Ausdruck dafür, den Schmerz nicht mehr aushalten zu können, den ihre Mutter weder in sich selbst noch in Isa wahrnehmen konnte. Der innere Druck musste ein Ventil finden. Da Isa die bedingungslose Nähe und Bindung an ihre Mutter vermisste, was diese gar nicht merkte, hatte sie das Gefühl, durch ihren Weggang nichts zu verlieren. Es war ihr nicht mehr möglich, ihr tatsächliches Wesen hinter angepasstem Verhalten zu verstecken, um so Nähe und Schutz für sich bei ihrer Mutter zu erlangen.

Für Martina stand diese Bindung nie infrage, die Art und Weise entsprach einfach nur dem, was sie über Bindung gelernt hatte. Sie wäre ohne Isa niemals auf die Idee gekommen, sich diesen Themen zu widmen, weil sie ihr Leben um diese Wunde in sich selbst herum gebaut hatte. Die Wunde konnte erst in der aufrichtigen Liebe zu ihrer Tochter sichtbar werden. Unbewusst hatte Martina also ihr eigenes Muster weitergegeben, indem sie ihre Vermeidungsstrategien sorgsam um ihre Verletzungen herum errichtete. Sie vermied den Kontrollverlust, was sich auch auf die Menschen ihrer Umgebung bezog. Die Auseinandersetzung mit ihren eigenen Grenzen vermied sie, um die Kontrolle über die alltäglichen Situationen zu behalten. Ihre innere Leere vertrieb sie durch ständiges Geschäftigsein. Sie vermied es, das ungestillte Bedürfnis nach Nähe und Schutz und Trost in sich wahrzunehmen. Ihr Alltag bestand aus einer Aneinanderreihung unbewusster Vermeidungsstrategien, die für Isa ein nicht zu beherrschendes Feld ergaben, in dem sie sich bewegen musste und in dem sie sich danach sehnte, ihrer Mutter bedingungslos nah sein zu dürfen. Ihre Mutter dagegen vermied Nähe, die sie unbewusst mit der Gefahr der erlebten grenzüberschreitenden Erfahrungen und Überforderung verknüpfte, und forderte die Anpassung, die zu Martinas Überlebensstrategie wurde. Wie sollte Isa all diese unbewussten und nicht mehr kontrollierbaren Vorgänge in sich anders zum Ausdruck bringen als dadurch, ganz und gar »unpassend« zu sein? Wie sollte sie sich der Liebe der Mutter rückversichern, als all das zu sein, was diese ablehnte, während sie doch bisher all jene Anteile in sich unterdrückt hat, die das in Martina Abgelehnte zum Ausdruck bringen könnten?

Im Moment der Wandlung war es natürlich, dass Martina all die Eigenschaften und inneren Anteile in Isa wiederfand, die sie in sich ablehnte und bekämpfte: aggressive Unkontrollierbarkeit und gelebte Autonomie auf Kosten der Verbindung sowie ein Bedürfnis nach Nähe, welches das Risiko der Verletzung barg. Mit dem Ausbleiben einer Diagnose für ihre Tochter entfiel für Martina auch die Möglichkeit, eine Krankheit zur Ursache des Konfliktes zu machen. Sie hatte zu diesem Zeitpunkt also nur noch zwei Optionen: Sie könnte weiterhin in Isa die externalisierten Anteile bekämpfen, die ihr gehörten und die Kluft zwischen sich und ihrer Tochter vergrößerten, und in Kauf nehmen, dass diese zum Selbstbild ihrer Tochter würden. Oder sie könnte sich ihren Schatten stellen und das Unmögliche wagen: Nähe nicht mehr an Bedingungen knüpfen.

Genau das tat sie, als sie sich aus ganzem Herzen für die Rückkehr ihrer Tochter nach Hause entschied. Sie signalisierte damit Isa das uneingeschränkte Ja, nach dem diese sich so lange gesehnt hatte, und führte dieses im Rahmen unserer Verabredungen fort. Sie schuf für Isa und sich ein Klima der Akzeptanz, in dem erstmals Raum für bedingungslose und authentische Nähe war. Im weiteren Verlauf begegnete Martina dem Schmerz, dem sie so lange ausgewichen war, ohne es so recht zu bemerken oder einordnen zu können, und fand darin die Sehnsucht, endlich genug zu sein. In dem Maße, in dem Martina sich erlaubte, nicht genug zu sein, fühlte sie sich zunehmend wohler mit sich und konnte von all den Anstrengungen ablassen, die sie zuvor unternahm, um für andere genug zu sein und damit deren Zugewandtheit und Nähe zu erlangen. Sie schuf neuen Beziehungsboden für ihre Kinder und sich, auf dem sie sich ausprobieren konnten und die Fehlbarkeit des anderen akzeptabel und ein Lernfeld war. Auf diese Weise fanden sie zu einer neuen Haltung als Familie, die alle Familienmitglieder als sehr lebendig und uneingeschränkt positiv wahrnahmen.

✓ *To-feel: Finde deine Lieblingsfluchten*

Erziehungsmythen, Belohnungssysteme, Vermeidungsstrategien, Projektion, Externalisierung – welches ist dein Lieblingsfluchtweg, wenn du das Gefühl hast, dass dir die Beziehung zu deinem Kind entgleitet? Wie genau bringst du dich aus der Ohnmacht zurück in Handlungsmacht, um deinem Kind die Realität zu schaffen, die deinen Wünschen entspricht?

Möglicherweise fühlst du dich nicht wohl bei der Vorstellung, so tief in dich hineintauchen zu müssen, um einen Konflikt um das Zähneputzen zu lösen. Ich versichere dir: Diese Arbeit machst du dir in dieser Tiefe einmalig, um dann fortan auf sie zurückgreifen zu können. Das bedeutet nicht, dass du dich nur einmalig mit dir auseinanderzusetzen brauchst, nein, Leben geht immer vorwärts und Beziehungen sind niemals starr. Sie werden es dein ganzes Leben lang erfordern, deine Perspektive von außen nach innen zu wechseln, um harmonische, befriedigende und lebendige Beziehungen zu führen. Mit dem Mut, dich den Anteilen in dir zu stellen, die du nicht ganz oben auf der Liste der Erledigungen haben möchtest, mit dem Aufdecken der Schatten, der Verletzungen, der Vermeidungen und Externalisierungen, machst du deinem Kind das größte Geschenk: Du schenkst ihm die Freiheit, es selbst sein zu dürfen und weitestgehend bedingungslose Bindung zu erfahren.

Also: Beobachte dich einen Tag lang unter dem Aspekt, herauszufinden, worin deine Lieblingsflucht besteht und wovor du tatsächlich flüchtest, denn hinter jeder Angst verbirgt sich mindestens eine weitere, tiefere, wahre Angst. Was tust du, um dich in deinem Alltag sicher und komfortabel zu fühlen, und was umgehst du dabei in Wahrheit? Wie fühlst du dich mit diesen Erkenntnissen?

Was auch immer du erkennst: Bewerte es nicht. Begnüge dich damit, Zusammenhänge zu erkennen.

Die Gefühle

Gefühle, Bedürfnisse, Handlungsstrategien

*Du kannst dein Kind nur in seinen Gefühlen begleiten,
wenn du deine eigenen Gefühle begleiten kannst. Gleichzeitig.*

An dieser Stelle verzichte ich auf die Unterscheidung von Gefühlen, Emotionen und Affekten und wähle »Gefühle« als übergeordnete Begrifflichkeit, um nicht zu theoretisch zu werden. Gefühle verstehen wir hier als einen subjektiven Erlebniszustand, der sowohl einen Auslöser als auch eine vom Auslöser zu unterscheidende Ursache hat. Insbesondere Männer sind in unserer Arbeit meist sehr dankbar dafür, das bis dato nicht Fassbare und so oft dem weiblichen Geschlecht Zugeordnete begreifbar zu machen und erstmals einen analytischen Zugang zu finden. In der Folge geben sie sich stückchenweise und zu ihrer eigenen Überraschung oft mit größerem Tempo als ihre Partnerinnen den Gefühlen hin, zu denen sie zuvor noch wenig Zugang zu haben schienen. Es wirkt so, als hätten sie immer nach einem Kanal gesucht, die einst als nicht zu bewältigende und überfordernd erlebte Begegnung mit den eigenen Gefühlen mithilfe einer neuen Handlungsstrategie zu überwinden. Bei dieser Beobachtung handelt es sich selbstverständlich nur um unsere subjektiven Erfahrungen, die kein Stereotyp bedienen möchten. Vielleicht treffen wir in unserer Arbeit nur immer wieder den Typus Vater, der ohnehin schon sehr bereit ist, sich auf eine neue Art von Beziehung zu sich selbst einzulassen und der bisher nur einfach nicht das passende Werkzeug gefunden hat.

Die Allerwenigsten von uns hatten Eltern, die emotional intelligent mit ihren eigenen Gefühlen umgehen konnten und uns dies gelehrt oder uns in unseren mächtigen kindlichen Gefühlen begleitet hätten. Das wäre aber notwendig gewesen, um die Erfahrung zu vermeiden, unseren Gefühlen schutzlos ausgeliefert zu sein oder von ihnen mitgerissen zu werden, denn wenn du auch nur einen einzigen Tag im Leben eines Kindes verbracht hast, weißt du um die Heftigkeit seiner Empfindungen. Du weißt nun auch, dass der Mensch generell dazu neigt, um jede ernsthaft negative Erfahrung seines Lebens unbewusst einen Bogen zu machen, um den der Erfahrung zugrunde liegenden Schmerz nicht nochmals erleben zu müssen. So haben wir kollektiv eine skeptische Haltung gegenüber unseren eigenen Empfindungen entwickelt: Sie sind auf jeden Fall mit Vorsicht zu fühlen, mit einen Fuß auf dem Boden, und auch nicht zu intensiv, bitte – es sei denn, sie sind positiv, dann gerne exzessiv und für immer festzuhalten. Mir ist in meiner Praxis noch niemals jemand begegnet, der nicht irgendwann auf die Angst vor der Unkontrollierbarkeit seiner eigenen Gefühle getroffen wäre, sorgsam versteckt unter Vermeidungsstrategien und anderen nützlichen Helferlein der Psyche. Um Gefühle kontrollieren zu können, hätte dieser Zugang ja stetig bedient und nicht abtrainiert oder vermieden werden müssen.

Kurzum: Du kennst dich mit Gefühlen nicht so richtig gut aus, hast früh gelernt, deine eigenen Gefühle zu bewerten, nämlich als positiv und negativ, als erwünscht und unerwünscht. Aufgrund der ihnen innewohnenden Macht, dein Empfinden zu bestimmen, ganz so, als kämen sie einfach angeflogen, begegnest du ihnen unbemerkt vorsichtig und allzu oft mit gehörigem innerem Abstand und auch gerne mal mit dem Kopf. Auf diese Weise bilden wir innere Gefühlslandkarten in uns aus, die unsere Haltung gegenüber unseren eigenen Gefühlen und unser Handeln in unseren Beziehungen fortan bestimmen. Wir sprachen zu Beginn des Buches bereits darüber, wie wir Erwachsenen einen regelrechten Verlust des Zugangs in die eigene Intuition erlebt haben und daher geneigt sind, unsere Kinder so zu leiten, weniger auf sich und ihre Gefühle zu hören als auf die Stimmen im Außen. Im Umkehrschluss bedeutet das, dass auch das Außen irgendwie dafür verantwortlich ist, wie wir uns fühlen und ob wir versorgt sind, und nicht wir selbst – als Inhaber unserer Gefühle. Ganz schön verdreht, oder? Während wir also verlernt haben, uns selbst zuzuhören und zu fühlen, trauen wir uns zu, unser Kind dabei zu begleiten, mit seinen Gefühlen zurechtzukommen. Ein gewagtes Vorhaben, das schon mal um 7 Uhr morgens auf dem Badezimmerteppich darin gipfelt, dass dein Kind keine Zähne putzen möchte und du deinem Ohnmachtsgefühl ausgeliefert bist.

Lass uns die Angelegenheit einmal pragmatisch betrachten: Gefühle sind Teil deines biologischen Überlebenssystems. Du *bist* nicht dein Gefühl, du *hast* Gefühle, auch wenn sich das manchmal ganz anders anfühlen mag, und du alleine machst deine Gefühle, nicht dein Partner, nicht dein Kind und auch nicht dein Chef. Gefühle haben einen Auslöser. Du denkst etwas oder erhältst ein Signal deines Körpers, beispielsweise ein Grummeln deines Magens. Blitzschnell kombinierst du: »Signal bekannt. Das ist Hunger.« Das passende Gefühl dazu stellt sich ein: Du empfindest Hunger. Das Grummeln deines Magens ist jedoch nicht die Ursache für deinen Hunger. Die Ursache ist dein Bedürfnis nach Nahrung. Idealerweise gehst du dann zum Kühlschrank und bereitest dir etwas zu essen zu. Du handelst also, um dein Bedürfnis zu befriedigen, und das Gefühl des Hungers verschwindet. Ja, so einfach könnte alles sein, wenn wir denn nur wüssten, dass der Umgang mit Gefühlen aus drei Elementen besteht, und wenn wir uns darin üben würden, sie so sinnvoll zu befriedigen, wie wir es beim Schmieren einer Stulle tun:

- Gefühl
- Bedürfnis
- Handlung

Dann würdest du fühlen, das zugehörige Bedürfnis erforschen und schließlich handeln, um das Bedürfnis zu befriedigen. Das Gefühl würde verschwinden. Tatsächlich sieht die Realität morgens um sieben auf deutschen Badezimmerteppichen ein wenig anders aus. Du fühlst deine Ohnmacht oder die darunterliegende Wut und handelst ausschließlich, um das Gefühl schnellstmöglich wieder loszuwerden, nicht um das darin versteckte Bedürfnis beispielsweise nach Kooperation, Verbindung, Unterstützung oder Gehörtsein zu stillen, denn dann würdest du ganz sicher ganz anders handeln. So schreist du vielleicht, bist in den Bedürfnissen deines Kindes unterwegs, während du deine missachtest, meckerst herum, verlässt den Raum oder stellst eine Folge »Paw Patrol« in Aussicht, nur damit du dich deiner Angst vor dem nächsten Machtkampf nicht stellen musst. Vielleicht greifst du bei Frust zur Schokolade, gönnst dir ein Glas Rotwein nach einem anstrengenden Tag oder distanzierst dich an diesem Abend von deinem Partner, weil er nicht erkennt, was du gerade von ihm brauchst. Du handelst, um das als nicht positiv wahrgenommene Gefühl wieder loszuwerden. Die Frage danach, was du im Moment eines belastenden Gefühls brauchst, stellst du dir nicht. Kaum jemand tut das. Du erkennst im entscheidenden Moment nicht, dass du gerade etwas brauchst, und du erkennst schon gar nicht, was das ist. Du handelst ziellos, weil Menschen eben immer irgendwie handeln, um sich weniger ohnmächtig zu fühlen. Lass es dir auf der Zunge zergehen: Du handelst, um dich von deinem unangenehmen Gefühl zu befreien. Damit erreichst du aber nur einen Erfolg für den Moment – meist kommen die Gefühle in der übernächsten Situation zurück. Nachhaltig gelöst hast du die Situation nicht, und das spürst du auch. Das liegt daran, dass dein verkanntes und dem Gefühl zugrunde liegendes Bedürfnis noch immer darauf wartet, von dir gestillt zu werden. Erst dann kann das negative Gefühl verschwinden, denn dies ist seine Aufgabe. Es weist dich darauf hin, dass du etwas brauchst, und es ist deine Aufgabe herauszufinden, was das ist, um dich damit zu versorgen.

Würdest du dich auf dem Hoch deines Frusts fragen, was du gerade brauchst, so mag Rotwein durchaus dein erster Gedanke sein. Mach dir einen Spaß daraus und frag dich, welches Bedürfnis dir ein Glas Wein befriedigen kann, und du wirst keine Antwort darauf finden. Ein ziemlich sicherer Hinweis darauf, dass es sich bei deiner Antwort nicht um ein Bedürfnis, sondern um eine Handlungsstrategie handelt. Wenn du dich frustriert fühlst, so können diesem Gefühl viele Bedürfnisse zugrunde liegen. Vielleicht brauchst du Ruhe und Erholung? Vielleicht brauchst du Trost oder Unterstützung? Vielleicht brauchst du aber auch Nähe oder Austausch oder irgendetwas anderes. Erst wenn du weißt, was du brauchst, kannst du gezielt handeln, um dein Bedürfnis zu stillen. Dann ziehst du dich vielleicht zurück, wenn du Ruhe brauchst, oder suchst ein gutes Gespräch oder bittest um Hilfe, wenn du Unterstützung brauchst. Dann findet der Lehrer in seinem Klassenzimmer heraus, was sein Schüler, der gerade zum fünften Mal in Folge den Stift fallen lässt, in diesem Moment benötigt, anstatt sein Benehmen zu bewerten, ihn zu ermahnen oder zu bestrafen, damit die Handlung ausbleibt und sich sein Wunsch, störungsfreien Unterricht zu halten, erfüllt. Vielleicht ist der Schüler gelangweilt, vielleicht fühlt er sich überfordert, vielleicht gab es am Morgen Streit in seiner Familie. Würde sich der Erwachsene die Mühe machen, im Verhalten des Kindes das zugrunde liegende Bedürfnis gemeinsam mit dem Kind zu erforschen und sogar Handlungsstrategien finden, die das Bedürfnis stillen, anstatt nur seine Handlung abzustellen, bräuchte das Kind die lästige Handlung nicht mehr, seine Eigenkompetenz würde sich verdreifachen und der Unterricht könnte ungestörter verlaufen. Wir würden dann gezielt den Zugang des Kindes zu sich erhalten, also das Gegenteil dessen bewirken, was in der Gesellschaft sonst vollzogen wird. Unerwünschte Handlungen des Kindes bedürfen keiner Abhilfe im Kind, sondern erfordern Beziehungsarbeit. Dies erfordert Beziehung mit dir selbst.

Ich höre an dieser Stelle immer wieder, dass dies in einem Klassenzimmer mit so vielen Individuen nicht möglich sei, oder dass nicht jeder Wunsch erfüllt werden könne und ein Kind auch lernen müsse, sich mal zurückzunehmen. Sei dir sicher: Beziehung ist auch in Klassenräumen mit 25 Kindern möglich. Sie erfordert jedoch im ersten Schritt mehr und ungewohnte Arbeit im Erwachsenen mit sich selbst und die vollumfängliche Selbstverpflichtung, die Abkürzungen zu vermeiden, die im Kind auf die Schnelle etwas erreichen möchten. Beziehungsarbeit zahlt sich mittelfristig auf jeder Ebene aus, denn nur wer nicht immer funktionieren *muss*, kann auch mal funktionieren, wenn er nicht will. Gute Lehrer wissen das längst und setzen es um. Unzählige Eltern befinden sich bereits auf diesem Weg. Zu glauben, dass dieser Ansatz in unseren staatlichen Institutionen nicht möglich ist, befreit uns nicht aus der Verantwortung, die Voraussetzungen dafür zu schaffen oder sie einzufordern, denn wie das nun mal mit jeder Veränderung im Außen ist: Sie beginnt in jedem Einzelnen von uns.

Hierzu ist es auch gar nicht notwendig, einen jeden Wunsch eines jeden Kindes sofort und auf der Stelle zu erfüllen, denn Wünsche sind nicht Bedürfnisse. Wünsche sind Ausdruck eines Begehrens, einer Hoffnung oder Sehnsucht, die sich erfüllen möge, die neueste Spielekonsole zum Beispiel oder ein Besuch auf dem Spielplatz mit Opa. Bedürfnisse hingegen sichern sehr existenziell dein Überleben, indem sie dich darauf hinweisen, was du benötigst. Wünsche müssen nicht erfüllt sein, Bedürfnisse sehr wohl. Einem Wunsch kann jedoch sehr wohl ein Bedürfnis innewohnen. Im Verlangen nach der Spielkonsole kann das Bedürfnis nach Zugehörigkeit stecken, weil das Zocken den 14-Jährigen mit seinen Kumpels verbindet. In dem Wunsch, mit Opa auf den Spielplatz zu gehen, mag ein Bedürfnis nach Bewegung oder Nähe verborgen sein. Das gilt es herauszufinden, und manchmal wird es dann notwendig, andere Strategien zu entwickeln, das im Wunsch enthaltene Bedürfnis zu befriedigen, als durch Wunscherfüllung. Ein Kind darf also durchaus lernen, dass Wünsche sich nicht erfüllen müssen, dass seine Bedürfnisse aber seine Zufriedenheit regeln (und deine und die deines Partners und deiner Familie) und daher zu stillen sind. Befriedigte Bedürfnisse verschwinden von der Bildfläche, unbefriedigte Bedürfnisse kommen immer wieder hoch, und zwar am liebsten in Form eines für Eltern unerwünschten Verhaltens.

Selbstredend ist es notwendig, dass dein Kind lernt, Bedürfnisse auch mal aufzuschieben, oder dass Bedürfnisse verschiedener Personen kollidieren können. Die Betonung liegt hier jedoch klar auf »lernen«, und ich bin sicher, dass du es selbst noch lernst. Dieser Lernfortschritt ist abhängig vom Alter, denn die Bedürfnisse kleiner Kinder dulden keinen oder kaum Aufschub und der Fortschritt ist abhängig davon, wie gut die Erwachsenen in der Umgebung des Kindes die eigenen Bedürfnisse managen und sie artikulieren. Unabdingbare Voraussetzung, um einen angemessenen Umgang mit den eigenen Bedürfnissen und denen der sozialen Umwelt zu erlernen ist die konstante Erfahrung der Befriedigung der kindlichen Bedürfnisse. Es ist ein Mythos, dass dadurch eine Generation narzisstischer Erwachsener herangezogen würde. Du musst auch nicht dein Kind umkreisen, damit dir nichts entgeht, oder all deine Anstrengungen darauf ausrichten, es zum Mittelpunkt des Geschehens zu machen. Das Kind muss einfach nur »voll« sein, also emotional rundum genährt, um es sich leisten zu können, sich zurückzustellen. Wenn du eine Woche am Stück nicht durchgeschlafen hast, das kleine Kind zahnt und du Stress bei der Arbeit hast, reißt du dich auch nicht darum, den nächsten Kuchenbasar in der Schule zu organisieren, oder? Wer sich dauerhaft im emotionalen Minus befindet, wird, je nach Persönlichkeit, lautstark für sich fordern oder still und leise hinnehmen, was nicht ist. An dieser Stelle sei gesagt, dass Kinder, die den Stift ein halbes Dutzend Mal auf den Boden werfen, nicht auf der Suche nach Aufmerksamkeit sind. Dies ist ein weiterer Mythos. Diese Kinder weisen darauf hin, dass sie sich mit ihren Bedürfnissen im Defizit befinden, und suchen nach einem Ausdruck dafür, weil sie sich Unterstützung dabei erhoffen, sich wieder in Balance fühlen zu können. Sie *brauchen* keine Aufmerksamkeit, wie es ihnen so häufig herablassend unterstellt wird, als sei das unbedingt zu verhindern, sondern sie *erregen* mit ihrem Verhalten unsere Aufmerksamkeit, weil sie Unterstützung beim Lösen eines inneren Konfliktes benötigen. Wir müssen es nur erkennen wollen.

Du hast also Gefühle, damit sie dich auf dein Bedürfnis hinweisen können. Gefühle zu vermeiden bedeutet damit zwangsläufig, die eigenen Bedürfnisse unversorgt zu lassen. Stattdessen fordern wir dann zu gern andere Menschen in unserer Umgebung auf, uns mit dem zu versorgen, was uns fehlt, denn angenehm ist der innere Mangel nicht. Was für eine Verstrickung, nur weil wir es nicht gelernt haben, den eigenen Gefühlen sinnvoll zu begegnen! Handle stattdessen, um das Bedürfnis zu stillen, und das Gefühl kann sich auflösen. Handle besser nicht, um das Gefühl loszuwerden. So hat dein Kind die Chance, Gefühle als hausgemacht und damit als zu bewältigen zu erfahren und nicht in dem emotionalen Mangel zu landen, in dem sich so viele Menschen befinden, die andere für die eigenen Gefühle in die Verantwortung nehmen wollen. Unterstütze es dabei, Gefühle nicht als Katastrophe zu empfinden, die über es hereinbricht und vor der es fortan ausweichen oder von dir beschützt werden muss, indem du deiner Angst vor deinen eigenen Gefühlen begegnest. Dies ist ein riesiger Schritt heraus aus der Verstrickung mit den Bedürfnissen anderer Menschen, für deren Erfüllung du dich zuständig siehst oder für die du ihre Zuständigkeit einforderst, weil du es so gelernt hast und daher heute glaubst, für jeden die emotionale Verantwortung zu tragen außer für dich selbst. Deinem Kind musst du beibringen, seine Bedürfnisse zu erkennen und zu befriedigen. Denn es ist nicht deine Aufgabe, all seine Bedürfnisse zu befriedigen und deine dabei zu übergehen. So würde es lediglich lernen, selbst seine Bedürfnisse zu übergehen, denn du weißt ja: Es lernt nicht, was du dir für es wünschst, sondern nur, was du bereits über eine Sache weißt, indem du sie lebst. Die Verantwortung für deine Gefühle und Bedürfnisse zu dir zurückzuholen ist nach unserer Erfahrung der größte Schritt hin zu der Beziehung zu deinen Mitmenschen, wie du sie dir wünschst. Es ist der Schritt zurück in deine Verantwortung für dich, deine Empfindungen und deine Handlungen und damit in deine Freiheit: in ein Leben, das dir gehört und das du auf die Weise lebst, die ganz und gar dir entspricht, weil du dir die Freiheit nimmst, dich für dich verantwortlich zu fühlen. Damit legst du gleich hundert Schritte zurück auf dem Weg zurück zu dir, in deine Intuition, den Erhalt dieses Zugangs deines Kindes und in echte Nähe zu deinem Kind.

In einem unserer Programme bitten wir Klienten an dieser Stelle, für einige Tage drei leere Gläser in ihrer Küche aufzustellen, die sie im Laufe dieser nächsten Tage mit Erbsen, Linsen oder bunten Smarties befüllen sollen. Probiere das gerne mal aus. Manchmal, insbesondere dann, wenn es dir gar nicht wichtig ist, dass sie es tun, werden sogar Partner und Kinder neugierig und möchten mitmachen. Die Gläser stehen für Gefühle, Bedürfnisse und Handlungsstrategien, und jedes Mal, wenn es dem Elternteil gelingt, ein negatives Gefühl wahrzunehmen, wandert eine Erbse oder Ähnliches in das Gefühlsglas. Gelingt es außerdem, das diesem Gefühl zugrunde liegende Bedürfnis zu erkennen, erhält auch dieses Glas eine Erbse. Lässt sich zudem noch die Handlungsstrategie finden, die das Bedürfnis stillt, so wird auch dieses Glas befüllt. Ich bin immer wieder verblüfft, wie schwierig sich diese Übung für fast alle Teilnehmer gestaltet. Noch verblüffter sind aber die Teilnehmer selbst, denn die meisten von ihnen hätten zuvor von sich behauptet, sich zumindest mittelmäßig, vielleicht sogar ganz gut zu spüren und für sich zu sorgen. Ich liebe diese Übung, weil an ihr sicht- und messbar wird, was zuvor unsichtbar vor sich ging: Der angenommene Zugang zu dir selbst findet sehr oft über den Verstand statt, und spätestens in der Auseinandersetzung mit deinen zahlreichen Bedürfnissen stellst du fest, wie ungeübt du darin bist, dir wahrhaftig nah zu sein. Jede Beziehung zu deinem Kind beginnt an dieser Stelle und diese kleine Übung kann dir tatsächlich enorm dabei helfen.

Fallbeispiel:
Miriam und Frank mit Mathilda und Linus

Vor einigen Jahren arbeitete ich an diesem Thema mit Miriam und Frank, Eltern des fünfjährigen Linus und der dreijährigen Mathilda. Miriam war bis zur Geburt von Linus mit Leib und Seele Flugbegleiterin. Sie liebte es, zu reisen und bei ihren kurzen Aufenthalten neue Gegenden zu erkunden. Der Reiz, immer unterwegs und in Bewegung zu sein, befriedigte ihr großes Bedürfnis nach Autonomie und Freiheit. Mit Linus' Geburt wurde ihr Leben erwartungsgemäß ruhiger, vorhersehbarer und fremdbestimmter. Diese Umstellung machte ihr bereits in Linus' erstem Lebensjahr zu schaffen, insbesondere weil Frank sie nur dann unterstützen konnte, wenn er als Pilot nicht selbst auf Reisen war, und weil es keine Großeltern gab, die einspringen konnten. Miriam leugnete zu dieser Zeit ihr Unbehagen und gab weiter ihr Bestes. Sie wollte ihrem Sohn die Mama sein, die sie sich für sich selbst gewünscht hätte, und war daher bereit, ihre Bedürfnisse derart zurückzustellen, dass sie den Zugang dazu zunehmend verlor.

Ein Jahr nach der Geburt ihrer Tochter erlebte sich Miriam als zunehmend unentspannt, genervt, wütend und unfair gegenüber ihren Kindern. Sie beschloss, wieder zu arbeiten, und nahm eine Teilzeit-Bürostelle an, um mal wieder »etwas für sich zu tun«. Ihre bis dato gut vor sich selbst geleugneten Gefühle des Frusts und der Überforderung und die zunehmenden Schuldgefühle wollte sie gerne abstellen. Sie wählte dafür eine Handlung, die sie für geeignet hielt, sich weniger überfordert und frustriert zu fühlen, ging damit aber eine weitere Verpflichtung ein. Ihr den Gefühlen der Überforderung zugrunde liegendes, geparktes Bedürfnis nach Unabhängigkeit und Eigenbestimmung war ihr sogar latent bewusst und sollte auf diese Weise unbewusst gestillt werden. Du ahnst es bereits, diese Rechnung ging nicht auf, denn was als Handlungsstrategie gedacht war, um ihr das Gefühl der Überforderung und des Frusts über die Fremdbestimmung zu nehmen, verursachte genau das: noch mehr Überforderung und noch mehr Fremdbestimmung. Nun musste sie nicht nur die Bedürfnisse ihrer Kinder versorgen, sondern auch die Erwartungen ihres Arbeitgebers erfüllen. Eine ihrer größten Herausforderungen bestand nun darin, zwei Mal wöchentlich pünktlich im Büro zu erscheinen. Denn Linus kam morgens einfach nicht in die Gänge und brauchte ewig, um sich anzuziehen, seine Kuscheltiere zu verabschieden, noch etwas zu trinken, noch mal zur Toilette zu müssen. Du kennst das. Miriam hatte den Eindruck, dass Mathilda sich dieses Verhalten abschaute, sodass Miriam bald morgens damit beschäftigt war, zwei Kinder dazu zu bringen, startklar für den Kindergarten zu werden.

Sie hatte zum Beginn unserer Zusammenarbeit das Gefühl, jedes Register gezogen zu haben, um den Morgen zu entzerren und ohne Streit und Stress in den Tag zu starten. Erfolglos. Jeden einzelnen Büromorgen eskalierte die Situation zwischen Linus und seiner Mutter. Mittlerweile konnte Miriam nicht mal mehr versuchen, ruhig zu bleiben, weil sie bereits mit dem Gedanken an die Haustürsituation wach wurde. Die Beziehung zwischen den beiden litt. Miriam berichtete unter Tränen, dass sie niemals eine solche Mutter hatte sein wollen, die ein so ungeduldiges und frustriertes Verhalten an den Tag legte. Sie fühlte sich schuldig, hilflos und als die mieseste Mutter auf dem Planeten. Sie erlaubte sich nicht nur keinen Fehler, sie war auch der Überzeugung, sich vollkommen zurücknehmen zu müssen, um die Mutter ihrer Vorstellung zu sein, konnte aber dennoch nicht verhindern, dass ihre Kinder sich in ihrer Gegenwart so miserabel fühlen mussten, wie sie selbst als Kind: immer eine Last, immer zu viel und irgendwie falsch.

Dieses Phänomen begegnet uns in unserer Arbeit beinahe täglich. Genau das, was Eltern als Erfahrung für ihre Kinder unbedingt vermeiden möchten, zeigt sich in der Familie dann doch, und keiner versteht, warum. Natürlich ist das bei genauerer Betrachtung ganz logisch, denn auch wenn es den Eltern bisher gelungen ist, das Thema mit den entsprechenden Vermeidungsstrategien zu umschiffen, ist es ja dennoch vorhanden. Was auch immer es ist, das Eltern nicht weitertragen wollen, sie können den Kreislauf der Weitergabe nur unterbrechen, wenn sie sich der Ursache stellen und sie auflösen. Das Vermeiden des Symptoms ist keine nachhaltige Lösung, weil die Wirkung der Ursache weiterhin besteht. In Miriams Fall bestand die Ursache darin, sich als Last für ihre eigene Mutter gefühlt zu haben. Wohlgemerkt, das muss gar nicht »wirklich« so gewesen sein, vielleicht hatte die Mutter sie gar nicht als Last empfunden. Entscheidend für die daraus abgeleiteten Überzeugungen eines Kindes sind nicht Tatsachen, sondern seine subjektiven Empfindungen. Wir sprachen zu Beginn des Buches darüber, dass Kinder bereit sind, alles dafür zu tun, die Zuneigung und Nähe ihrer Eltern zu sichern, weil nur dies das verlässliche emotionale Überleben bedeutet. Das gilt auch dann, wenn für die Eltern Bindung und Nähe zu ihrem Kind nie infrage standen.

Miriam kam als Kind zur unbewussten Überzeugung, dass es am sichersten für sie ist – sie also Bindung dann am verlässlichsten erfährt und sie sich am meisten gesehen und geliebt fühlt –, wenn sie maximal unsichtbar ist, keine Probleme macht und mitläuft, ohne zu sehr aufzufallen. Damit hatte sie bereits als Kind die Welt als eine Welt kennengelernt, in der es wichtig war, die eigenen Empfindungen zu übergehen und die ihnen zugrunde liegenden Bedürfnisse zu missachten. Ihr Bedürfnis nach Autonomie musste zugunsten einer einigermaßen sicheren Bindung ungestillt bleiben. Es war in ihrer Welt wichtiger, nicht für sich zu sorgen, als für sich zu sorgen. Als Erwachsene ergänzte sie diese Strategie, indem sie ihren Lebensstil und ihre berufliche Existenz auf ihr unterversorgtes Bedürfnis nach Freiheit ausrichtete. Nie wieder wollte sie sich so gefangen und fremdbestimmt fühlen.

Frank und Miriam ergänzten sich in dieser Zeit ausgesprochen gut, denn auch für ihn spielte Autonomie aufgrund seiner Prägung eine wichtige Rolle. Er genoss es, mit Miriam eine Frau an seiner Seite zu haben, die seinen Freiraum nie infrage stellte. Was ihm nicht bewusst war und im Rahmen unserer gemeinsamen Arbeit für ihn greifbarer wurde, war, dass sie auch in der Beziehung zu ihm immer bereit war, ihre eigenen Grenzen zu missachten, denn insgeheim sehnte sie sich nach viel mehr Nähe und Verbindlichkeit, forderte das aber niemals ein. Dazu hätte ihr dieser Zusammenhang bewusst gewesen sein müssen und sie hätte ihrer Angst, ihn damit zu bedrängen, begegnen müssen. Es kam also außerordentlich viel Bewegung in diese Familie, weil Linus morgens seine Schuhe nicht anziehen wollte.

Die Situation am Morgen war für Miriam sehr schnell lösbar, als ihr in aller Deutlichkeit bewusst wurde, wie sehr ihre eigene Prägung, also ihre Gefühle aus dem Gestern, die Situation im Heute bestimmten. Es ging in der Haustürsituation schon lange nicht mehr darum, schnell die Schuhe anzuziehen und pünktlich das Haus zu verlassen. Der tiefer liegende Konflikt zwischen Miriam und Linus wurde nur an dieser Stelle sichtbar, aber so, dass ihn niemand mehr erkennen konnte, denn andere Situationen dieser Art gab es durchaus während des ganzen Tages. Sie waren für Miriam nur leichter zu lösen und wurden von ihr als nicht so belastend empfunden, weil für sie nicht so viel daran hing wie an den Büromorgen. Tatsächlich kämpften Linus und seine Mutter an vielen anderen Stellen um innere Freiheit und Selbstbestimmung, um das Gehört- und Gesehensein in den eigenen Empfindungen. Beide hatten den Eindruck, der andere nehme ihm die Entscheidungsfreiheit, und beide fühlten sich in diesen Situationen klein, unwichtig und nicht gesehen. Mit jedem Büromorgen machten sich aufs Neue die unbewussten Gefühle bemerkbar, die Miriam schon lange vor Linus gut kannte. Erst die fehlende Auseinandersetzung mit diesen unterdrückten Gefühlen konnte in Linus genau das Gefühl verursachen, das sie für ihn mit aller Kraft hatte vermeiden wollen. Möglicherweise ging es ihrer eigenen Mutter einmal sehr ähnlich. Als ihr dieser Zusammenhang klar war, holte Miriam sich die Verantwortung für ihre Gefühle umgehend zurück. Ihr war sofort bewusst, dass der Fünfjährige diese Verantwortung weder tragen konnte noch sollte und dass gleichwertige Beziehung, also eine Beziehung, in der alle Bedürfnisse gleich viel Wert haben, so nicht stattfinden kann.

Miriam gelang es schnell, in der Situation nach ihrem Bedürfnis zu forschen. Sie stellte fest, dass sie in diesen Momenten vor allem Linus Kooperation brauchte, und erkannte darin sogar das darunterliegende Bedürfnis, wahrgenommen und geachtet zu sein. Sie versuchte nun, Linus mit ins Boot zu nehmen, indem sie ihn darüber informierte, wieso es ihr wichtig war, nicht zu spät zu kommen, und dass sie sich von ihm wünschte, sie zu unterstützen. Im Grunde war dies keine sonderlich andere Handlung als vor unserer Zusammenarbeit. Linus nahm die Situation nun aber anders wahr: Es war seither für ihn gut spürbar, eine echte, tatsächliche Wahl zu haben. Er konnte die Unterstützung bejahen und auch ablehnen, weil seine Mutter emotional nicht mehr auf sein Ja angewiesen war. Das machte es für ihn einfacher, aus freien Stücken zuzustimmen. Er musste nicht mehr um seine Autonomie kämpfen, weil Miriam aus dem Kampf darum, von ihrem Fünfjährigen geachtet zu sein, ausgestiegen war und ihre Haltung sich in der Tiefe verändert hatte.

Miriam hatte verinnerlicht, dass Kooperation eine mögliche Ablehnung im Gegenüber beinhalten kann, denn ansonsten ist es ja keine Kooperation, sondern Gehorsam, und den wollte sie ausdrücklich nicht. Die Schwere des Konfliktes zwischen den beiden war in dem Moment gewichen, als Miriam sich voll und ganz dagegen entschieden hatte, Linus zum Fokus für ihren Mangel an erlebter Wertschätzung zu machen. Innerhalb von weniger als zwei Wochen gab es die Haustürsituation nicht mehr und Miriam konnte die Büromorgen nervenaufreibend finden und sich auch mal über Linus mangelnde Kooperationsbereitschaft ärgern, aber sie war nicht mehr auf ihn und seine Reaktion angewiesen.

Die Erkenntnisse, die Miriam über sich gewonnen hatte, wirkten sich auch auf ihre Ehe aus. Frank und Miriam waren gefordert, sich mit ihren unausgesprochenen Bedürfnissen und denen des anderen auseinanderzusetzen, und übernahmen Stück für Stück die Verantwortung, sich ihrer eigenen Bedürftigkeit zu stellen und sie zu versorgen. Im Laufe der nächsten Wochen und Monate brachte sie das näher zueinander, als beide das jemals für möglich gehalten hätten.

✓ *To-feel: Was fühlst du, was brauchst du?*

Bitte mach für den Zeitraum von drei Tagen die Frage »Was fühlst du, was brauchst du?« zu deinem ständigen Begleiter. Im Gespräch mit deinem Partner. Nachdem du dein Kind in den Kindergarten gebracht hast. Wenn du dich streitest oder dich über einen Kollegen ärgerst. Frag dein Kind: »Was fühlst du, was brauchst du?«, und staune über die Antworten, wenn aus den vielleicht zuerst genannten Wünschen Bedürfnisse werden. Frag deinen Partner, frag deine Mama. Hör nicht auf zu fragen. Und dann notiere unbedingt einmal täglich deine inneren und äußeren Beobachtungen. Wie ging es dir mit der Frage? Wie geht es dir mit deinen Erkenntnissen zu dieser Frage? Wie geht es dir damit, überhaupt zu brauchen?

Die Gefühle der Eltern

Und wenn es sich noch so sehr danach anfühlt: Du bist nicht dein Gefühl. Gefühle kommen und gehen und du entscheidest über sie.

Systemisch zu arbeiten bedeutet, von der Grundannahme auszugehen, dass jeder Einfluss auf einen Teil des Systems Auswirkungen auf das gesamte System hat. Du kennst das: Eine einzige Person in deiner Familie hat die Macht, die Laune aller anderen Personen am Abendbrottisch zu steuern. Das funktioniert selbstverständlich in alle Richtungen, denn ihr seid als Familie ein kleines System und ihr wirkt aufeinander. Auf welche Weise das geschieht, entscheidet ihr. Auch wenn du gerade das gegenteilige Gefühl hast und behauptest, dass euch das nicht gelingt – sonst liefe doch alles viel freundlicher und harmonischer ab, weil du dich doch schon so bemühst –, atme noch mal kurz durch und rufe dir in Erinnerung, dass Unbewusstes viel häufiger, beständiger und intensiver wirkt als alles, was du dir bewusst vornimmst. Willst du nachhaltige Veränderungen, musst du am Unbewussten arbeiten. Und mit diesem Buch bist du bereits mittendrin. Lass uns also an dieser Stelle unbedingt einzelne Gefühle genauer betrachten. Ich wähle bewusst die Gefühle, die uns in unserer Arbeit am häufigsten begegnen, und du kannst sicher sein, dass sie immer nur ein Teil der Wahrheit desjenigen sind, der sie hat. Zu jedem elterlichen Gefühl gehört nämlich ein Erleben des Kindes, dem wir uns danach widmen.

Angst

Genau. Angst. Direkt in die Vollen. Spür noch mal kurz in die Zuneigung für dein Kind. Schließ die Augen, ruf dir sein Gesicht vor Augen und atme seinen Geruch ein. Spüre seine Haare in deinen Fingern, wenn du über seinen Kopf streichelst. Es ist dieses Kind, für das du dieses Buch liest, und es ist die Liebe zu diesem Kind, die deine Bereitschaft trägt, dich dem Unangenehmen zu stellen. Du schaffst hier Klarheit in dir für die Freiheit und den Schutz deines Kindes vor deinen unbewältigten Baustellen.

Da kein Gefühl besser geeignet ist, uns vom Leben abzuhalten, ist keine Emotion besser versteckt oder besser kontrolliert vorzufinden als Angst. Es begegnen mir zumeist zwei Varianten, mit der eigenen Angst umzugehen. Die Menschen sind entweder von ihrer Angst beeinträchtigt oder von ihrer Vermeidung der Angst gesteuert, ohne die Beeinträchtigung wahrzunehmen. Schließlich geht es da um alles, ums Überleben an sich, und Angst lässt uns klein, eng und bedürftig fühlen. Sie signalisiert Gefahr und mahnt uns zur Vorsicht. Damit ist Angst nun wirklich kein Gefühl, das ganz oben auf der Wunschliste unserer Empfindungen steht.

Die Vorstellung, dein Kind könne sich in Gefahr befinden, lässt dich sofort fieberhaft überlegen, was du tun musst, um diese Gefahr abzuwenden. Das ist auch gut so. Es handelt sich dabei um eine ganz logische Konsequenz aus deiner Elternschaft in Kombination mit der biologisch begründeten Reaktion auf Gefahr. Wenn einst der Säbelzahntiger vor unsere Höhle umherschlich, hieß es flüchten, kämpfen oder sich totstellen, und das tust du, sobald du Gefahr für dein Kind verortest. Nur sind die Gefahren, die du heute im Zusammenhang mit deinem Kind wahrnimmst und vor denen du es bewahren möchtest, zwar nicht mehr tödlich, davor beschützen möchtest du euch beide dennoch: die Nichtversetzung, die Ablehnung durch Mitschüler, das an dir Vorbeischummeln schlechter Zensuren, das Misstrauen ihm gegenüber, wenn es vom Fünfer aus deinem Geldbeutel seine Freunde mit Naschereien versorgt hat. Auch ich bin Mutter von drei Kindern und wir müssen an dieser Stelle überhaupt nicht darüber diskutieren, ob diese Ereignisse wünschenswert sind. Natürlich sind sie das nicht. Deshalb sind sie aber noch lange keine Gefahr. Nicht für dein Kind, nicht für eure Beziehung, aber für dich und in deiner Wahrnehmung vielleicht.

Das liegt daran, dass du das Beste für dein Kind willst, aber dein Kind darüber entscheidet, was sein Bestes ist. Außerdem bewertest du auch mögliche, noch nicht eingetretene Gefahr als Gefahr. Denn so funktioniert die Psyche: Wo Angst ist, muss Gefahr sein – ein Mechanismus, den du nur infrage stellst, wenn du bereits mit deiner Angst arbeitest, weil sie dich behindert. Dies tun die wenigsten Menschen, denn dazu müssten sie das, was sie wahrnehmen, erst einmal als Angst erkennen, die Gefahr identifizieren und einen Realitätscheck durchführen. Menschen möchten aber keine Angst haben und finden allerlei alternative Gefühle, die sie der Angst vorlagern können, weil sie besser auszuhalten sind. Sie behaupten dann voller Überzeugung und steif und fest, keine Angst zu haben. Was du in Bezug auf dein Kind jedoch gut als getarnte Angst wahrnehmen wirst, ist Sorge. Sorge, dein Kind könne scheitern, Sorge, ihm könne etwas zustoßen oder es könne Gefühle haben, mit denen es nicht zurechtkommt, weil du damit nicht zurechtkamst. Sorge eben, dein Kind könnte die für es so sehr gewünschte Route verlassen, und davor hast du es unter allen Umständen zu beschützen. So glaubst du. Musst du nicht nur nicht, du kannst es auch nicht, ohne dass dein Kind den hohen Preis der Selbstwirksamkeit dafür zahlt. Und du solltest es auch nicht, wenn du deine Gefahr nicht zu der deines Kindes machen möchtest. Nein, das bedeutet nicht, dass dein Kind morgen auf Hausdächern balancieren oder auf Autobahnen picknicken soll, weil es dazu Lust hat. Das wäre reale Gefahr. Was du heute an Sorgenfeldern als Gefahr wahrnimmst, ist in den meisten Fällen jedoch keine echte, objektive Gefahr, sondern zumeist nur ein Zustand, den du subjektiv für gefährlich hältst.

Wir sprachen ja schon darüber, dass die Welt für dich so ist, wie du sie kennengelernt hast, ohne dass es »die« Welt eines anderen sein muss. Ganz sicher hast du auf deiner inneren Landkarte eine Menge Gefahren eingezeichnet, die nur dir gehören: Furcht davor, nicht zu genügen, vor Ablehnung und Ausgrenzung, Kontrollverlust oder dem Scheitern begegnen uns häufig und die Liste ist unendlich erweiterbar. Immer wenn die Situation Vertrauen bräuchte, du aber Kontrolle einsetzen möchtest, gerätst du in den Hinterhalt deiner Angst, die sich als Sorge tarnt. Dann möchtest du in deinem Kind bewirken, dass es erkennt – etwa wie wichtig Hausaufgaben sind. Dann möchtest du in deinem Kind dafür sorgen, dass es unterlässt, was ihm schaden könnte – etwa sich mit jedem Lehrer anzulegen. Dann möchtest du hinter der Stirn deines Kindes dafür sorgen, dass es versteht, dass du das Beste möchtest, während es das offenkundig noch nicht für sich selbst entscheiden kann. Du möchtest seinen Weg mitbestimmen. Die Frage danach, inwieweit uns das als Eltern zusteht, würde ein weiteres Buch füllen. Das darf jeder Elternteil für sich beantworten. Unser Konsens besteht aber sicher darin, dass du deinem Kind den Zugang in sein Wesen erhalten und die Entfaltung seines Potenzials ermöglichen möchtest. Deine Angst jedoch gefährdet diesen Wunsch, denn du möchtest dann, dass deine Angst aufhört und du dich wieder sicher fühlst, und wirst entsprechend handeln. Ja, gewiss, du möchtest auch dein Kind vor Gefahren beschützen. Aber was, wenn diese Gefahren nur für dich und in deiner Wahrnehmung existieren und du es in Wahrheit um ein Dutzend Kompetenzen bringst, die es in der Begegnung mit der Herausforderung erwerben könnte und auch besser sollte? Würdest du dann noch immer dein Kind beschützen oder könntest du dann schmerzhaft aufrichtig zu dir sein und dir eingestehen, dass der Schutz eigentlich dir gilt? Würdest du dann erkennen können, wie machtlos du darin bist, in deinem Kind erreichen zu wollen, potenzielle Gefahren zu vermeiden? Könntest du erkennen, dass die befürchtete Gefahr zumeist gar keine ist, sondern erst durch deine Bewertung zu einer wird? Oder klammerst du dich doch lieber an die womöglich unter einem Dutzend Vermeidungsstrategien versteckten Tarnungen deiner Angst und nennst sie »Überzeugung«, »Verantwortung«, »Sorge«, »Missgefallen« oder handelst auf irgendeine sonstige Art, um diese vermaledeite Angst endlich loszuwerden? Weil es dir nicht bewusst war oder nicht gelingt, deine Sicht von der deines Kindes zu trennen? Weil es dir nicht gelingt, deine in deiner Farbe gefärbte Brille der Wahrnehmung dann auszuziehen, wenn du dein Kind in Gefahr vermutest? Was für eine Herausforderung!

Wenn du handeln möchtest, handle – aber von jetzt an in einer neuen Weise. Du solltest nicht versuchen, in deinem Kind abzustellen, dass die gefürchtete Gefahr eintritt. Durch diese Vermeidung schaffst du die existenzielle Grundlage dafür, dass sie eintritt. Handle stattdessen neu und gewagt: Stelle dich deiner Angst vor deinen eigenen erlebten und unbewältigten Gefühlen. Handle nicht im Außen, indem du versuchst, den Grund für deine Angst im Gegenüber zu lösen, sondern schaffe Bewusstsein in dir. Finde die Angst hinter deinen Überzeugungen und die Angst hinter der Angst. Wovor hast du wirklich Angst, wenn dein Kind die Klasse wiederholen muss, ausgegrenzt wird, eine Herausforderung ohne deine Hilfe bewältigen möchte? Was fürchtest du hinter deiner Antwort wirklich? Dass es seine Freunde verliert? Den Anschluss? Und dann? Was wäre dann, wenn es in Rückstand gerät oder es sich alleine und nicht gut genug fühlt? Wie ginge es dir damit, wenn dein Kind deine Erfahrungen machen würde und dieselben unbewältigten Gefühle fühlen müsste wie du? Deine Antworten auf diese Fragen sind der Grund für unsere Begegnung in diesem Buch. Begegne deinen Ängsten. Schalte das Licht an, so wie früher, wenn du Gespenster in deinem Zimmer vermutet hast und das Licht sie endlich verscheucht hat.

Ohnmacht und Hilflosigkeit

Wenn wir eine Gefahr wahrnehmen, geht jede Zelle in uns davon aus, dass wir augenblicklich für unsere Sicherheit sorgen müssen, und schreit »Aktion!«. Dazu können wir uns entweder unserer Angst stellen und ihrer wahren Ursache begegnen oder wir vermeiden sie und versuchen, unter allen Umständen handlungsfähig zu bleiben, indem wir die Angst als Symptom abstellen. Herr oder Herrin der Lage zu bleiben, scheint uns oft der einzige Ausweg, der Gefahr zu begegnen. Das liegt daran, dass wir keine anderen Strategien gelernt haben, unseren eigenen Gefühlen zu begegnen. Und damit verfügen wir natürlich auch über keine Strategien, die wir an unser Kind weitergeben könnten. Ohnmacht und Hilflosigkeit stellen sich dann ein, wenn dir die Mittel ausgegangen sind, eine Situation aktiv zu bewältigen und du sie stattdessen passiv ertragen musst. Ohnmächtig musst du etwa dabei zusehen, wie dein Kind den Weg wählt, den du für den falschen hältst. Wie es sich damit in vermeintliche Gefahr begibt und sich auf diese Weise Schaden zufügt, dürfte dich zutiefst verunsichern. Anstatt herauszufinden, wieso du glaubst, handeln zu müssen, worin die Gefahr genau besteht und woher du sie kennst, übernimmt umgehend dein innerer Autopilot. Dann bist du vermutlich damit beschäftigt, diesen Zustand der Lähmung zu überwinden, mitunter auch kopflos abstellen zu wollen: Vielleicht tobst und schreist du, vielleicht versuchst du auf dein Kind auf hundert Arten einzuwirken, vielleicht verbietest oder drohst du.

Du fühlst dich immer dann hilf- und machtlos, wenn du mit deinem Aktionismus an die Grenzen deines Gegenübers gerätst: deines Kindes, des Lehrers, deines Partners, der Mitschüler. Wenn dir die Handlungen ausgehen, weil dein Gegenüber dich nicht hört, dich aussperrt, nicht erreichbar ist oder sich deine Angst einfach nicht anzieht, hast du zuvor versucht, über den anderen für deinen inneren Schutz zu sorgen. Mach dir bewusst, dass dein Wunsch, etwas zu tun, zu bewirken, zu beschützen, abzuwehren oder zu erreichen, immer ein Ausdruck für dein Unvermögen ist, zu akzeptieren, nichts tun zu können oder eher fühlen zu müssen, statt zu handeln. Zu unterscheiden, wann was davon das Passende in der Situation ist, ist eine weitere Aufgabe und dein größtes Lernfeld in der Begleitung deines Kindes bis ins Erwachsenenalter. Und ja, dieser Zustand ist schier unerträglich. In der gleichen Intensität bietet er dir Raum für Transformation. Stell dir nur vor, was möglich wird, wenn deine Energie nicht mehr ins Unabänderliche und Unkontrollierbare abfließt, sondern du Kontrolle darüber gewinnst, wie du mit dem nicht zu kontrollierenden Kontrollverlust umgehst. Wenn unsere Klienten sich gezielt auf die Suche nach diesen Situationen machen, in denen sie wie ein dauerbereiter Detektor ihre Umgebung nach potenzieller Gefahr absuchen, um das Gefühl der Ohnmacht vorsichtshalber zu vermeiden, sind sie regelrecht erschüttert darüber, welches Ausmaß an unbewusster Anstrengung sie in dieses Unterfangen investieren. Dir bewusst zu machen, dass du mit dem Versuch der Handlung deine Ohnmacht erst erzeugst, weil du nicht gelernt hast, dich der darin enthaltenen Angst zu stellen, verändert deine Sicht auf dich und deine Beziehungen. Das eröffnet neue Handlungsmöglichkeiten, die du gerade noch gar nicht erkennen kannst, weil du ja damit beschäftigt bist, Ohnmacht zu vermeiden. In diesen neuen Handlungsmöglichkeiten wohnt deine Freiheit. Der erste effektive Schritt in deine innere Freiheit, der Ohnmacht auf neue Weise zu begegnen, ist, sie da sein zu lassen. Manchmal besteht unsere größte Herausforderung eben nicht darin, etwas zu tun, sondern es zu lassen. Lass die Ohnmacht da sein. Wünsch sie nicht weg und hör auf sie überwinden zu wollen. Lass sie für heute sein, wo sie ist. Was soll passieren? Im schlimmsten Fall wartet sie auf dich. Im besten Fall wartet sie nicht.

Wut

Ich wünsche mir, dass du in deiner Wut die Verkettung der unangenehmen Gefühle erkennst, die du zu vermeiden versuchst. Das größte Konfliktpotenzial in Eltern-Kind-Beziehungen besteht darin, dass unbewusste Gefühle unterdrückt, die ihnen zugrunde liegenden Bedürfnisse nicht erkannt oder die Verantwortlichkeit für die Befriedigung hin- und hergeschoben werden. Hierin besteht der Hauptakt der Weitergabe der unbewältigten Konflikte und Blockaden von Generation zu Generation.

Nehmen wir an, du hast nicht gelernt, deinen Gefühlen Bedürfnisse zuzuordnen, und neigst daher dazu, unangenehme Gefühle schnell wieder abstellen zu wollen. Dann ist es eine schlüssige Reaktion auf die Gefühlsstürme deines Kindes, deine eigenen Gefühle zu unterdrücken, um die Situation nicht in dir eskalieren zu lassen. Es ist außerdem schlüssig, dass deine Gefühle durch diese Behandlung nicht weniger und schon gar nicht besser kontrollierbar werden, weil die ihm innewohnenden Bedürfnisse ja ungestillt bleiben. Wenn du deine Bedürfnisse dauerhaft übergehst, bringst du dein System außerdem in immer größere Disbalance. Deine Stimmung kippt schneller, du bist überanstrengt, schneller genervt oder lustlos. Die einzig schlüssige Reaktion auf einen derart lieblosen, unsensiblen und strengen Umgang mit dir selbst und das daraus entstehende Ungleichgewicht ist: Wut. Explosion. Vom Runterschlucken deiner Gefühle und Bedürfnisse wirst du wütend. Im besten Fall ist dir das klar, im schlechteren Fall bist du wütend auf dein Kind und seine mangelnde Kooperationsbereitschaft. Oder darauf, dass es immer seinen Kopf durchsetzen muss, uneinsichtig ist, sich in den Vordergrund stellt.

Sei dir sicher: Niemand anderes als du ist für deine Wut zuständig. Wut, wie jedes andere Gefühl, weist dich auf ein Bedürfnis hin, welches du in dir versorgen musst. Bevor du in der nächsten Situation dein Kind dafür verantwortlich machst, dich in deinen Bedürfnissen nicht zu sehen, fang du doch mal damit an, dich selbst zu sehen und für dich zu sorgen. Erst dann lernt dein Kind an dir, was es bedeutet, sich und seine Bedürfnisse ernst zu nehmen. Deine Wut über deine Ohnmacht, dein Kind nicht zu erreichen, deine Wut, nicht gehört zu sein, deine Wut auf deinen Partner, immer für alles die Verantwortung zu tragen, deine Wut auf deine Eltern, die Welt oder dich selbst und deine Wut über die daraus entstehende Ohnmacht – alles hausgemacht. Deine Freiheit liegt nicht darin, nicht wütend zu sein (also schon auch, zumindest in Teilen, aber so weit will ich noch gar nicht mit dir denken), sondern in der Entscheidung darüber, wie du mit Situationen umgehst, die die Macht haben, Wut in dir hervorzurufen. Wut verursacht Hilflosigkeit und manchmal ist sie auch einfach besser auszuhalten als Angst oder Traurigkeit. Vor allem aber erinnert mich Wut immer an diese schlafenden Monster aus Zeichentrickfilmen, um die die Helden Bogen schlagen müssen, um sie nicht zu wecken, nur damit am Ende ein Wimpernschlag ausreicht, um sie aufzuwecken und ihre unbändige Wut zu entfachen. Höchste Zeit, deiner Wut auf den Grund zu gehen. Was macht dich so wütend?

Schuld

Wenn dieser Kreislauf aus Unbewusstsein, blockierten Gefühlen und fehlenden Handlungsstrategien deinen Alltag unbemerkt regiert, darf ein Gefühl nicht fehlen: Schuld. Dein Schuldgefühl verstehen wir hier als das unangenehme Gefühl, das sich einstellt, weil du dich als Ursache für ein unerwünschtes Ereignis, das Befinden oder die Handlungen Dritter siehst. Ohne dein Fehlverhalten, so glaubst du, wären bestimmte negative Folgen für jemanden nicht eingetreten. Für diese Schuld schämst du dich. Wenn du dich besser kontrollieren und für dich sorgen könntest, würdest du dein Kind nicht anschreien und es müsste in der Folge nicht unter den Konsequenzen leiden, die du geschaffen hast, meinst du. Du fühlst dich dann am meisten schuldig, wenn deine Reue über ein Versäumnis oder eine Handlung für dich nicht kompensierbar ist und du dir sicher bist, dass du es besser hättest machen müssen, auch wenn du nicht weißt wie, quasi kraft deiner Eigenschaft als Elternteil. Du meinst: Wenn du nur besser wärst, mehr wie andere Mütter oder Väter, wenn du mehr wüsstest oder dich besser beherrschen könntest, hättest du die betreffende Handlung vermeiden können und müsstest keine Schuldgefühle haben. Du müsstest also nur ein bisschen anders sein, als du es bist, und schon würdest du dich nicht schuldig machen. So ist dein Gedankenkonstrukt, das sich nur erhalten kann, weil du dich tief im Inneren nicht gut genug fühlst und dich für dieses Defizit schämst. Würdest du dich gut genug fühlen, könntest du dich unmöglich für etwas schuldig fühlen, was dir, aus welchen Gründen auch immer, nicht besser gelingen *kann*. Das Schuldgefühl hätte keinen Nährboden, auf dem es wachsen kann.

Genau da befindet sich übrigens die Grenze zwischen Schuld und Schuldgefühl – du kannst an nichts Schuld haben, das du nicht besser hättest machen können, weil dir die Mittel fehlten, ganz gleich, wie sehr du es dir retrospektiv wünschen würdest. Schuld haben und sich schuldig fühlen ist also beileibe nicht dasselbe und mir sind höchst selten Eltern begegnet, die sich tatsächlich an ihrem Kind schuldig gemacht hatten.

Schuldgefühle sind ein komplexes Thema und ihre Aufarbeitung nimmt große Teile unserer Arbeit als Coaches in Anspruch, denn was tun wir mit dem schlimmsten aller hier vorgestellten Gefühle? Wir möchten es loswerden, indem wir noch mehr tun, um zu genügen, oder indem wir es vermeiden. So entstehen weitere Strategien, die mehr als geeignet sind, die Beziehung zu deinem Kind zu stören, denn Schuld trennt dich emotional von ihm. Etwas so Mächtiges wie Schuld nicht zu fühlen, etwas, das wir sozusagen mit der Muttermilch aufgesogen haben, ist gar nicht so leicht, und daher lässt sich die Psyche wirklich eine Menge einfallen, um dieses Gefühl nicht an die Oberfläche geraten zu lassen. Wenn du deine Schuldgefühle also gut spürst und in diesen Momenten am liebsten in der Erde versinken würdest, ist das eigentlich ein ausgesprochen gutes Zeichen. Die Abwehrmechanismen, die die Vermeidung von Schuld zutage bringen kann, haben manchmal ungeheure Kraft und kommen als deutliche Ablehnung oder offensiver Angriff des Weges. Hast du schon mal versucht, einer offenkundig überforderten Mutter im Supermarkt darauf deine Hilfe anzubieten? Oder hast du deine Partnerin nach einem harten Tag auf ein Versäumnis angesprochen? Dann hast du die größten Chancen, der Wucht zu begegnen, die verleugnete Schuldgefühle haben können, und das, obwohl die Schuldgefühlinhaber sich niemals schuldig gemacht haben müssen, sondern sich nur dafür hielten oder immer noch halten. Schuld daran, Mama wütend gemacht zu haben, schuld an Papas Traurigkeit, schuld daran, dem Lehrer und den Mitschülern einfach nicht gut genug zu sein. Schuld daran, dass der Haussegen schief hängt, schuld daran, dass du nur bist, wie du bist, und nicht schlauer, leiser, vernünftiger, mehr, anders halt. Schuld daran, wie es den anderen geht und wie sie über dich denken.

Kinder beziehen alles auf sich, die ganze Welt dreht sich um sie. Sie können kaum anders, als sich für die Ursache deiner unguten Gefühle zu halten. Klassische Erziehung arbeitet genau damit: mit Konditionierung auf Schuld und mit Gehorsam, der sich des kindlichen Wunsches bedient, Schuld zu vermeiden, um sich Bindung zu sichern. Die Furcht vor Bindungsverlust wird gezielt genutzt, um das Verhalten des Kindes weitestgehend kontrollieren zu können. »Wenn du jetzt nicht kommst, gehe ich allein nach Hause«; »wenn du jetzt nicht aufhörst zu schreien, zu wüten, zu irgendetwas, dann gehe ich, musst du allein in dein Zimmer usw.« Aussagen wie diese, und sind sie aus elterlicher Sicht noch so verständlich, verursachen Verlustängste und sind das Gegenteil der angestrebten bedingungslosen Bindung, die dein Kind benötigt, um mit sich in Verbindung zu bleiben und dir und anderen nah zu sein. Schuldgefühle entstehen aus bewusster oder unbewusster Manipulation im Kind, getragen von der elterlichen Hoffnung, im Kind und für das Kind (wirklich?) all die guten Elternwünsche zu erfüllen. Je mehr Schuld du aber unbemerkt mit dir herumträgst und noch nicht wieder losgeworden bist, umso anfälliger bist du für jede Art der Manipulation, Grenzverletzung und der emotionalen Abhängigkeit. Dies betrifft explizit nicht nur Partnerschaften, es hat auch Auswirkungen auf die Eltern-Kind-Beziehung, wenn du aus der unbewussten Überzeugung heraus handelst, gegenüber deinem Kind Schuld zu tragen. Fühlst du dich als Mutter oder Vater einfach nicht gut genug für dein Kind und hierfür schuldig, bestimmt diese Haltung deine Handlungen. Dann gehst du immer wieder über deine Grenzen, um das Schuldgefühl zu vermeiden, und wunderst dich, dass dein Kind deine Grenzen nicht respektieren kann. Schuld und auch Scham (auf die wir hier aufgrund der Komplexität nicht eingehen) verstopfen dann deinen Zugang zu deiner Intuition, ganz gleich, ob du Schuld verspürst oder sie verteilst, also externalisierst, um sie in dir zu vermeiden.

Auch wenn Formulierungen wie »Du machst mich traurig« oder »Wegen dir geht's deinem Bruder schlecht« ganz langsam aussterben, ist die elterliche Haltung, ihr Kind für schuldig zu halten, bereits ausreichend für den Erhalt des kollektiven Schuldgefühls und seiner Weitergabe an die nächste Generation. Hältst du dein Kind für fähig, Gefühle in dir oder anderen zu konstruieren, erhältst du den Schuldkreislauf, und das ganz sicher, ohne es zu wollen. Schnell dahergesagte Floskeln wie »selber schuld«, wenn dein Kind etwas angestellt hat, formulieren dann nur noch, was ohnehin als versteckte Überzeugung in dir vorhanden ist. Worte schaffen Realität und es wäre ein riesiger Schritt für deine Familie, würdest du »Schuld« als Begrifflichkeit ab sofort aus deinem Vokabular streichen. Ersetz es durch Verantwortung, denn davon haben wir eine Menge, für uns selbst und dafür, genau auf diesem Feld wieder Lernmodell zu sein. Nur wer für sich und seine Gefühle die volle Verantwortung übernimmt, ist frei von der Bedürftigkeit, sich durch andere versorgen zu lassen, und befreit sein Kind aus der Schuldfalle. Dein Kind muss von dir hören und erfahren, dass es nicht für deine Gefühle zuständig ist, sondern du.

Nochmals in klaren, deutlichen Worten: Dein Kind trägt keine Schuld, weil Kinder keine Schuld an irgendetwas tragen. Verantwortung ist nicht Schuld. Verantwortung schützt vor Schuld, denn du kannst niemals schuldig sein, wenn du unter Wahrung deiner Grenzen und der deines Gegenübers alles in deiner Macht Stehende getan hast, um deiner Verantwortung nachzukommen. Schuld entsteht erst dann, wenn du wider besseres Wissen und Können handelst. Zu glauben, es besser wissen und können zu müssen, reicht nicht aus für wahre Schuld. Zu der musst du dich schon aktiv und bewusst entscheiden, ein Autopilot reicht da nicht aus.

Fallbeispiel: Thomas und Christine mit Mika und Lisa (1)

Um dir die Eigendynamik, die unbewusste elterliche Gefühle in einer Familie entwickeln können, näherzubringen, möchte ich dir von Christine und Thomas erzählen. Sie waren zum Zeitpunkt der Zusammenarbeit Eltern des zehnjährigen Mika und der achtjährigen Lisa. Die Familie kontaktierte uns, weil der Haussegen dauernd schief hing. Zu viele Konflikte, zu viel Schreierei, zu wenig Gemeinsamkeit und zu unterschiedliche Auffassungen davon, wie Erziehung funktioniert. Christine war sehr frustriert über die Situation und schilderte mir im Erstgespräch detailliert den Zusammenhang zwischen Ursache und Wirkung in ihrem Familiensystem. Dabei wurden zwei Aspekte auffällig: Zum einen analysierte Christine glasklar die guten Gründe ihrer Kinder, genau das Verhalten zu zeigen, das sie zeigten. Zum anderen schloss diese Erklärung sie als Mutter vollkommen aus. Stattdessen erkannte sie in ihrem Mann und in seiner Interaktion mit den Kindern seine gelernten Muster und war der Überzeugung, dass dies, verbunden mit seiner Weigerung, mit ihrer Anschauung von Erziehung mitzugehen, ursächlich für die familiäre Situation sei. Mit anderen Worten: Alles wäre einfacher gewesen, wenn Thomas Christines Sicht auf Ursache und Wirkung und alternative Erziehungsmodelle geteilt hätte.

Vielleicht kannst du dir vorstellen, wie häufig wir Derartiges hören. Ein Elternteil, vornehmlich die Mutter, hat den Durchblick, weil sie sich als aufgeschlossen und reflektiert wahrnimmt und neue Wege der Erziehung gehen möchte, und der andere Elternteil ist Problemverursacher oder wird zumindest als blind und beratungsresistent erlebt. Dies ist in der Sicht des betreffenden Elternteils die Realität. Es ist nur nicht die ganze Realität. Auch der andere Elternteil hat ebenso wie die Kinder eine eigene Sicht der Realität, und alles zusammen ergibt die Lebensrealität der Familie. Nur einen Ausschnitt des Ganzen wahrzunehmen, bedeutet nicht, dass es nur einen Ausschnitt gibt. Es bedeutet, dass du nur diesen Ausschnitt erkennst, was weder gut noch schlecht ist. Betrachte einen Baum im Garten oder im Park. Die Perspektive, die der Vogel auf dem Ast des Baumes einnimmt, ist eine andere als deine. Du kämst nicht auf die Idee, seine Perspektive zu leugnen, also wieso tust du es bei deinem Partner? Er ist eine andere Person als du, mit einer anders gefärbten Brille der Wahrnehmung auf der Nase, mit anderen Erfahrungen, anderen daraus gewonnenen Überzeugungen über die Welt, anderen inneren Gefühlslandkarten und daher mit einer anderen Sicht auf »die« Realität. Es wäre verwunderlich, wenn dein Partner deine Familie auf dieselbe Art wahrnehmen würde, wie du es tust. Diese Erkenntnis verursachte eine völlig neue Erfahrung der gegenseitigen Akzeptanz zwischen Christine und Thomas. Ihnen wurde bewusst, dass ihre Wahrnehmungen von Situationen nicht miteinander konkurrieren müssen, sondern einfach nebeneinander als Ergänzung bestehen dürfen. Sie existieren, um möglichst viel des Ganzen erkennen zu können und Konsens für alle Familienmitglieder zu ermöglichen – nicht, um sich selbst im eigenen »Richtig« zu bestätigen, was, zugegeben, ein angenehmes Gefühl ist, wenn du dich oft nicht gut genug fühlst. Du hast es vielleicht schon geahnt, aber in jedem Konflikt, den Eltern über Erziehung austragen, steckt der Kampf um die eigene Wahrnehmung. Dabei ist es immer leichter, die »Schuld« im Gegenüber wahrzunehmen, die eigenen unerwünschten Anteile dorthin zu verschieben, zu projizieren und hierdurch die Konfrontation mit den eigenen Gefühlen und Schatten weiterhin zu vermeiden.

Dorthin hatten Christine und Thomas sich verirrt, und nachdem das klar war, konnten wir mit der eigentlichen Arbeit beginnen. Thomas erhielt die Chance, aus dieser Dynamik und seiner damit verbundenen Rolle auszusteigen. Diese war nämlich blockiert: Zustimmung zu Christines Ansichten konnte er sich zu diesem Zeitpunkt gar nicht erlauben, selbst dann nicht, wenn er sich heimlich mehr Nähe und von sich selbst weniger Autonomie (in Christines Worten »Sturheit«) gewünscht hätte. Christines größte Herausforderung bestand darin, ohnmächtig dabei zusehen zu müssen, wie sie Thomas gegenüber den Kindern als laut, ungerecht und autoritär erlebte. Sie vermisse einen freundlichen Umgang mit den Kindern und könne klar erkennen, wie besonders Mika, den sie als sehr sensibel und introvertiert erlebe, unter den »Ausrastern« seines Vaters litt, während Lisa das eher unter ihrer fröhlichen und extrovertierten Art verstecke und vorgebe, kein Problem damit zu haben. Diese Konflikte führten zu immer weiteren Streitigkeiten zwischen Thomas und Christine und etlichen Grundsatzdebatten. Es stand sogar schon die Möglichkeit der Trennung im Raum, weil es Christine unter diesen Umständen immer schwerer fiel, emotionale Nähe zu Thomas zuzulassen, den sie in seinem Verhalten als zunehmende Gefahr für ihre Kinder wahrnahm. Christine kämpfte mit ihrer Angst um die behütete Entwicklung ihrer Kinder, sie fühlte sich ohnmächtig, irgendetwas in Thomas ausrichten zu können, und wurde zunehmend wütender angesichts dieser Entwicklung und ihrer daraus entstehenden Hilflosigkeit. Zu diesem Zeitpunkt war ihr nicht bewusst, dass es diese selbst erlebte und für ihre Kinder befürchtete Schutzlosigkeit war, vor der sie sie beschützen wollte. Sie wollte unbedingt vermeiden, dass ihre geliebten Kinder das erführen, was sie als so schmerzhaft abgespeichert hatte. Natürlich fühlte sie sich zudem schuldig an der Situation, denn sie konnte sie ja nicht verhindern.

Thomas fühlte sich in der Familiensituation schon lange nicht mehr wohl. Zunehmend hatte er den Eindruck, dass seine Meinung, ja an schlechten Tagen sogar seine Anwesenheit, überhaupt nicht mehr anerkannt, geschweige denn geschätzt wurden. Entweder wisse Christine sowieso alles besser oder sie gerieten in Streit über die Erziehung ihrer Kinder oder die Kinder machten sowieso, was sie wollten. Er fühlte sich nicht gesehen, nicht geschätzt in seinen Mühen, diese Familie zu versorgen und zu beschützen, und wollte manchmal nur noch seine Ruhe. Es fiel ihm zunehmend schwerer, sich zu irgendeiner Aktivität aufzuraffen. Er war sichtlich müde. Von dem Coaching versprach er sich nicht viel, war aber, nachdem er nun erstmals Akzeptanz für seine Sicht auf die Dinge erfuhr, offen für alles. Thomas war mit Leib und Seele Polizist und der Schutz der Menschen, die ihm wichtig waren, wurde in seiner Herkunftsfamilie schon früh zu seinem Thema. Früh lernte er, sich nie schutzlos zu fühlen, indem er sich und seine Geschwister vor unangenehmen Gefühlen beschützte. Die Angst, die damit verbunden gewesen sein muss, immer starker Fels zu sein und damit über seine eigenen Gefühle hinwegzugehen, hatte er einfach vergessen. Sie hätte ihn beim Beschützen behindert.

In der zunächst noch kinderlosen Zeit ihrer Ehe ging Thomas ganz und gar in der Rolle des Beschützers für Christine auf, die auf einige Erfahrungen ihrer Lebensgeschichte zurückblicken konnte, in denen sie sich selbst schutz- und hilflos erlebt hatte, wie so viele andere Erwachsene dieser Elterngeneration. Auch Christine hatte sich unbewusst vorgenommen, sich nie wieder derart ausgeliefert zu fühlen, und hatte mit Thomas einen Mann gewählt, der ihr das unbewusste Versprechen gab, niemals eine Gefahr für sie und ihre schwer zu erspürenden Grenzen darzustellen – eine weitere Strategie der Vermeidung des als unerträglich Gespeicherten, ohne dass es objektiv unerträglich gewesen sein muss.

Während Thomas also in seiner als Kind übernommenen Rolle des Beschützers seiner Kinder feststeckte, die nicht beschützt werden wollten oder mussten, weil keine reale Gefahr existierte, wurde in Christines Wahrnehmung der eigene Mann zur Gefahr für ihre Kinder, obwohl der sie doch genau davor bewahren sollte. Gestern und heute waren für diese Familie nicht mehr voneinander zu unterscheiden. Was für ein Dilemma, in dem beide steckten! Sie ahnten nicht, dass die Ursache für die heutige Familiensituation darin bestand, dass beide Erwachsenen eine Welt vorzufinden glaubten, die gefährlich sei und vor der die Kinder zu beschützen seien.

In unserer gemeinsamen Arbeit begann Christine Verständnis für Thomas zu entwickeln, der die Kinder anschrie, wenn sie keine Hausaufgaben machen wollten, ohne sein Verhalten richtig zu finden. Sie begriff, dass er sie beschützen wollte und keine andere Strategie fand, als sie anzuschreien. Er schrie danach, sie beschützen zu können, weil er ansonsten seiner eigenen und fast vergessenen Schutzlosigkeit und der Angst davor begegnen müsste, die er doch so wunderbar durch das Beschützen vermeiden konnte. Dabei verlor er sich in seiner Ohnmacht, das nicht zu können. Er verlor sich in seiner Angst um seine Kinder und bemerkte das nicht einmal. Und ja, für all das fühlte er sich schuldig, denn so ein Vater wollte er nie werden, auch ohne, dass Christine ihm seine Vergehen täglich mitteilte. Sein Wunsch war ehrenhaft, die Ausführung ließ jedoch viel Luft zum Dazulernen.

Thomas entwickelte Verständnis für die Wahrnehmung seiner Frau, die ihn aufgrund seines Verhaltens als eine Gefahr ablehnen musste. Beide entwickelten Verständnis für ihre Kinder und ihr Verhalten und konnten erkennen, wie schlüssig und logisch dieses Verhalten angesichts des ungelösten inneren Konflikts ihrer Eltern war. (Den Gefühlen von Mika und Lisa widmen wir uns im nächsten Kapitel.) Gemeinsam entwickelte die Familie Verständnis füreinander und hier insbesondere für die unterentwickelten Strategien, dem Leben in seiner Unkontrollierbarkeit zu begegnen. Für Christine und Thomas dauerte das Entdecken der eigenen Schatten und das Überwinden all dessen, was sie für Gefahr hielten, noch eine Weile an. Der Familienfrieden stellte sich aber schnell wieder ein, weil die Erwachsenen die Verantwortung dafür übernahmen, die unerkannten und missachteten Schatten von gestern nicht mehr das Zusammensein im Heute bestimmen zu lassen. Mika und Lisa erhielten damit das Recht auf eigene Fehler und erlangten zunehmend die Selbstwirksamkeit, die sie brauchten, um sich eben nicht schutzlos der Welt und ihren Anforderungen ausgeliefert zu fühlen.

✓ *To-feel: Gefühle erspüren*

Bevor du heute in dein To-feel einsteigst, tu dir etwas Gutes. Unternimm einen kurzen Spaziergang mit dir allein, leg dich in die Wanne, gönn dir eine Tasse Kaffee ganz allein mit dir und deiner Lieblingsplaylist. Tu einfach irgendetwas, was dir entspricht und wobei du dich gut spüren kannst. Selbst und gerade dann, wenn du dir das nicht regelmäßig gönnst. Bitte lies jetzt noch mal die vier Abschnitte zu den Gefühlen Angst, Ohnmacht, Wut und Schuld. Beantworte die am Ende von »Angst« gestellten Fragen und übertrage sie auch auf die Gefühle der Ohnmacht, Wut und Schuld. Finde heute heraus, welches dein dominantes Überbleibsel deiner früh erlebten Gefühle ist und wie es dir heute in der Beziehung zu deinem Kind im Weg herumsteht. Notiere auch, wie du dich mit dieser Übung fühlst.

Die Gefühle des Kindes

Kinder, die eine Funktion für die Gefühle ihrer Eltern haben, sind ein Leben lang damit beschäftigt, diese Funktion zu erfüllen oder sich ihr zu entziehen. In dieser Zeit kann das Kind nicht es selbst sein.

Wenn es um die Gefühle deines Kindes geht, dann geht es vor allem darum, anzuerkennen, dass ihr zwar in einem gemeinsamen Zuhause lebt, dass aber diese Realität von jedem Familienmitglied individuell wahrgenommen und damit zu seiner subjektiven Realität wird. Wahrnehmung ist von vielen internen und externen Faktoren abhängig und damit immer einzigartig. Die Gefühle deines Kindes wahrzunehmen und ihnen ihre Berechtigung zuzugestehen, ohne sie zu bewerten, kann eine ganz schöne Herausforderung sein. Wenn dir das aber gelingt, wird das euer Familienleben revolutionieren. Zusätzlich trägt auch dein Kind schon seine farbige Brille vor den Augen und sieht die Welt auf seine Weise. So ist es möglich, dass die Wahrnehmung deines Kindes, die blödeste und unfairste Klassenlehrerin der Welt zu haben, neben der Wahrnehmung der Lehrerin, alles ihr Mögliche für die Beziehung zu deinem Kind zu tun, nebeneinander bestehen darf, ohne dass eine richtiger sein muss als die andere. Und es ist möglich, dass dein Kind sich von dir im Stich gelassen und abgelehnt fühlt, weil du es zur Erledigung der Hausaufgaben anhältst, obwohl du das Beste für dein Kind wünschst und zu tun glaubst, um so die Ablehnung der Lehrerin zu vermeiden.

Es ist deine vordringliche und herausfordernde Aufgabe als Elternteil, deine Wahrnehmung als deine zu erkennen und die Wahrnehmung deines Gegenübers nicht zu bewerten, denn das würde das Gegenüber in Gänze infrage stellen – eine Erfahrung, die du todsicher selbst gemacht hast. Dann erst kannst du der inneren Wahrheit deines Kindes nachspüren und dich auf seine Welt und seine Gefühle einlassen, um es in seiner Wahrnehmung von der Welt zu erfassen. Erst dann musst du seine Gefühle nicht negieren, um deine eigenen dabei auftretenden Gefühle aushalten zu können. Dazu musst du es gar nicht verstehen, das ist völlig überbewertet. Es reicht vollkommen, es zu fühlen. Hierfür musst du lediglich dich selbst wieder gut spüren.

»Immer soll ich irgendwas tun«

Nahezu jedes Kind, das mir in der Arbeit mit unseren Familien begegnet, ist tagein, tagaus damit beschäftigt, sich zu fragen, was es tun soll. Und es ist sehr gut darin geworden, zu wissen, was zu tun ist, selbst dann, wenn es sich den Aufforderungen seiner Umgebung verweigert. Die Eltern dieser Kinder sind getrieben von Angst, und das zumeist, ohne es zu bemerken. Sie nennen es Sorge und Verantwortung, ihr Kind auf den Weg zu bringen, Teil dieser Gesellschaft zu sein. Dazu gehören in ihrer Welt nun mal Regeln und auch Pflichten. Diese Eltern befürchten, dass ihr Kind all das nicht lernen könnte – als ob es kein Interesse daran haben könnte, sich zu entfalten und seinen Platz in der Gesellschaft zu finden. Natürlich ist das nicht so, denn genau das möchte dein Kind von sich aus, mal mehr, mal weniger gut für es spürbar. Alle Interventionen, die darauf zielen, dein Kind auf deinen Weg zu bringen, gefährden diesen Urwunsch. Der elterliche Fokus liegt also darauf, zu verhindern, dass das Kind den Weg verlässt, den sie sich für es wünschen, weil er in ihrer Welt zweifelsfrei der beste Weg für das Kind ist. In Wahrheit ist er vor allem der beste Weg, das elterliche Bedürfnis nach Schutz und Sicherheit zu stillen. Je strikter der Rahmen ist, den sie dafür vorgeben, desto größer ist nicht nur ihre eigene ungesehene Angst und desto kleiner ihre Fähigkeit, sich und dem Leben zu vertrauen. Nein, desto mehr werden sie außerdem dazu neigen, den notwendigen Einsatz vom Kind zu fordern. Sie werden fordern, dass es sich anpasst, abliefert, leistet, sich und seine Bedürfnisse auch mal zurücknimmt – und das alles zu seinem Besten. Das tun sie zumeist nicht mal offensiv und aktiv. Sie leben diese Haltung einfach, indem sie selbst abliefern, genügen, leisten, ihre Bedürfnisse übergehen und immer wissen, was zu tun ist, um dazuzugehören und damit sicher zu sein.

Im schlechtesten Fall bemerken sie das nicht. Das Kind hingegen bemerkt das sehr wohl. Es spürt die Angst der Eltern und ihr mangelndes Vertrauen in Bezug auf seine Entwicklung in jeder Zelle – auch dann, wenn es das nicht benennen kann, denn dazu müsste es ja im Benennen der eigenen Gefühle angeleitet und geübt und sehr bewusst sein. Nein, all das kann dein Kind nicht benennen oder zuordnen. Es spürt nur. Es spürt, dass die Menschen in seiner Umgebung nicht daran glauben, dass einfach alles schon gut ist, sondern dass es erst gut gemacht und für diese Sicherheit zuerst etwas getan werden muss. Es spürt, dass es dazu notwendig ist, die eigenen Gefühle nicht übermächtig werden zu lassen und sie manchmal besser zu kontrollieren. Sonst wird es selbst von ihnen kontrolliert, und das wäre so gar nicht sicher. Es spürt, dass Tun wichtiger ist als Sein und man nie genug tun kann. Daraus schlussfolgert es, dass etwas mit ihm falsch sein muss, wenn es all das nicht abliefern kann, während doch alle anderen können wie gefordert. Daraus entsteht Verzweiflung und Angst, und das Kind fragt sich selbst, was es denn noch tun kann, um diese Gefühle des Nichtgenügens und der damit verbundenen Gefahr der Ablehnung und des Alleinseins nicht zu spüren. All das spürt dein Kind und sucht nach Auswegen, während du dich deiner Angst nicht stellst und dir wünschst, dein Kind würde einfach nur tun, was notwendig ist.

Genau dann wird deine Welt zu seiner Welt.

»Ich bin falsch«

Stell dir vor, wie es einem Kind ergehen mag: Es versucht, in einer Welt zurechtzukommen, die es von seinen Eltern als »die« Welt erfährt und die es auf subtile Weise als gefährlich, zu kontrollieren und mit Handlung zu dominieren präsentiert bekommt. Eine Welt, in der mehr zählt, was du tust, als wer du bist, und in der das Resultat wichtiger ist als der Prozess. Stell dir weiter vor, dass es nicht in der Lage ist, die Angst der Eltern als solche und zu ihnen, nicht aber zu ihm gehörend wahrzunehmen. Wie mag es sich fühlen, wenn es von seinen Eltern keine anderen Strategien erlernen kann, dieser Angst zu begegnen, als sie zu bekämpfen oder zu verleugnen? Wie fühlt sich dieses Kind, wenn es alles ihm Mögliche versucht, um zu bestehen und zu genügen, und dennoch daran scheitert? Wie mag es sich fühlen, außer müde, ungenügend, nicht wertvoll genug und im besten Fall wütend?

Ich sag's dir: Es fühlt sich im Innersten als falsch und wertlos. Es stellt nicht die Eltern und ihre Weltanschauung infrage, das könnte es sich niemals leisten, denn es benötigt ihre Nähe und Zugewandtheit wie die Luft zum Atmen. Dieses Kind, das die Erfahrung macht, dass zählt, was es tut, und dessen Träume und tiefstes Wesen niemals so wichtig sein werden wie das Ergebnis, das es abliefert, fühlt sich falsch dafür, wer es ist. Es schämt sich zutiefst dafür, dass es nicht ist, wer es sein soll. Und es hat Eltern, die ihm dieses Gefühl nie im Leben transportieren wollten, sondern die es im Gegenteil vor genau dieser uneingestandenen Scham beschützen wollten.

Genau dann wird deine Welt zu seiner Welt.

»Ich bin schuld«

Ausnahmslos jedes Kind, mit dem ich je gearbeitet habe, fühlte sich schuldig. Lass diesen Satz gern kurz auf dich wirken, denn auch mich schockiert er. Ich halte es für unmöglich, Kinder auf ihrem Weg in ein erwachsenes Leben ohne Schuldgefühle zu begleiten, ohne uns ganz und gar unserer eigenen Entwicklung zu öffnen und uns den vergessenen Gespenstern widmen. Selbst dann bleibt es eine Herausforderung. Das liegt zum großen Teil daran, dass Kinder sich für den Nabel der Welt halten und alles auf sich beziehen: jeden deiner schlechten Tage, jeden Streit mit deinem Partner und jede hochgezogene Augenbraue. Das liegt aber auch daran, dass sie kaum differenzieren können, ob du gerade ablehnst, was sie *tun*, oder ob du sie *als Person* ablehnst. Sie können schlicht und einfach nicht unterscheiden, ob sie für ihr Verhalten oder für ihr Wesen kritisiert werden, weil Kinder so viel näher dran sind als wir Erwachsenen, sich mit ihrem Tun zu identifizieren und hierdurch ausdrücken, wer sie sind. Lehnen wir eine kindliche Handlung ab, muss es sich als Person abgelehnt fühlen. Ohne deine glasklare Kommunikation in dieser Hinsicht wartet hier eine Stolperfalle. Das liegt aber vor allem daran, dass wir als Eltern nicht klar genug darin sind, Verantwortung von Schuld zu unterscheiden. Wir haben außerdem gelernt, andere für die eigenen Gefühle in die Verantwortung zu nehmen, was ja viel leichter ist, als selbst dafür in die Verantwortung zu gehen. Wie du dich auf diese Weise in eine passive und machtlose Situation begibst, haben wir bereits im Zusammenhang mit unseren Vermeidungsstrategien besprochen.

An dieser Stelle begegnet dir nun das Resultat dieses Mechanismus: Dein Kind fühlt sich schuldig. Du trägst deine eigenen Schuldgefühle mit dir spazieren, versuchst zwischendurch, sie jemanden in die Hand zu drücken, um dich zu erleichtern und deinen Gefühlen der Minderwertigkeit nicht zu begegnen. Dabei erkennst du nicht mal, dass du sie hast, sie dir aber nie gehörten. Du konntest als Kind nicht erfassen, dass es nicht deine Verantwortung ist, wie es den Menschen in deiner Umgebung ging, sondern ihre, und dass es nicht deine Schuld war, wenn jemand wütend auf dich war. Dein Kind kann nicht erkennen, dass es keine Verantwortung für deine Gefühle trägt, wenn du sie nicht strikt für dich trägst. Es muss sich dann schuldig und minderwertig fühlen und für deine Gefühle in die Verantwortung springen, wo du es nicht tust, denn es ist abhängig von dir und wird daher alles tun, um dich bei Laune zu halten. Bevor es damit aufhört, hat es längst sich selbst verlassen.

Genau dann wird deine Welt zu seiner Welt.

Fallbeispiel: Thomas und Christine mit Mika und Lisa (2)

Wir haben festgestellt, dass dein Kind den Teil seines Wesens in sich unterdrückt, der das von dir und an dir Abgelehnte sichtbar machen könnte. Das können wir auch im Fall von Thomas und Christine mit Mika und Lisa beobachten. Wir erinnern uns: Die Eltern haben sich beide als Kinder sehr schutzlos gefühlt und unterschiedliche Überlebensstrategien entworfen, die sie davor beschützten, sich jemals wieder den eigenen Gefühlen ausgeliefert und der Welt gegenüber hilflos und schutzlos zu fühlen. Thomas vermied das

Wahrnehmen seiner Schutzlosigkeit, indem er andere beschützte, und Christine ließ sich beschützen. Das war ihnen natürlich nicht bewusst, sondern schlüssige und gelebte Folgerung ihrer auf Überleben bedachten Psyche.

Im Zusammenleben mit ihren Kindern Mika und Lisa ging dieser Plan nicht mehr auf und während Christine zunehmend das Gefühl hatte, die Kinder vor ihrem Mann beschützen zu müssen, drohte ihm sein Ausweichmanöver zu entgleiten, weil seine Kinder sich einfach nicht beschützen ließen. Mika und Lisa gingen auf verschiedene Art damit um: Während Lisa vor sich und anderen tat, als würden sie die Kämpfe und die Ablehnung, die sie in den Konflikten wahrnahm, nicht berühren, litt Mika offenkundig. Tatsächlich aber litten beide Kinder. Beide Kinder konnten nicht anders, als sich für das Familienklima schuldig zu fühlen. Beide Kinder weigerten sich aber auch intuitiv, ihren Zugang zu sich selbst und ihre Persönlichkeit infrage zu stellen. Sie wollten sich auch nicht dafür ablehnen, dass sie ihren Eltern scheinbar so oft nicht genügen konnten und in ihren Augen so viel falsch machten. Diese Weigerung war das Ergebnis einer sehr stabilen und sicheren Bindung zwischen Eltern und Kind, denn ein Kind muss sich schon sehr sicher gebunden fühlen, um den inneren Konflikt als äußeren Konflikt auszuleben, das wahre Selbst zu wahren und die damit verbundene Ablehnung zu ertragen.

Mika war oft sehr traurig darüber, dass der Teil seiner Identität, den wir in der gemeinsamen Arbeit den »inneren Träumer« nannten und der dem wahren Selbst, also dem unverrückbaren Wesenskern, der uns als Person im Innersten ausmacht, bei seinen Eltern so unbeliebt war. Er sehnte sich sehr nach Akzeptanz seiner Schwächen. Im Laufe der Zusammenarbeit mit den Eltern und ihrer Auseinandersetzung mit der eigenen Schutzlosigkeit durfte jedoch genau dieser Anteil – und damit verbunden all seine Fähigkeiten und Potenziale – in Mika mehr Raum einnehmen. Es wurde den Eltern möglich, ihre Kinder in ihrer Ganzheit zu akzeptieren, einschließlich der Anteile in ihren Kindern, die sie aufgrund ihrer eigenen Biografie in sich selbst unterdrücken mussten und die sie daher mächtig ängstigten.

✓ *To-feel: Suche nach den Gefühlen deines Kindes*

Bitte mach dich heute auf die Suche nach den versteckten Gefühlen deines Kindes. Beschäftige dich explizit nicht mit den Gefühlen, die dir im Alltag begegnen: nicht mit seiner Wut, wenn es wieder etwas tun soll, worauf es gerade keine Lust hat, und nicht mit seiner Angst, sich neuen und herausfordernden Situationen zu stellen. Suche unbedingt nach den Gefühlen hinter diesen Gefühlen. Wie fühlt sich dein Kind hinter seiner Wut? Vielleicht hat es wiederkehrend das Gefühl, etwas tun zu müssen, dessen Notwendigkeit es nicht erkennt, wovon du aber weißt, dass es gut für es ist, das zu erledigen. Wie fühlt es sich, wenn es am Ende tut, was verlangt wird? Wie fühlt sich dein Kind, wenn du es wiederholt dazu aufforderst, sich der Welt und ihren Anforderungen zu stellen, es sich aber zu schwach und zu wenig selbstwirksam fühlt? Was benötigt es eigentlich in dieser Situation und wie mag es ihm gehen, wenn du das nicht erkennst?

Kennst du die Gefühle, die dir da begegnen?

Die Situationen sind austauschbar. Wichtig bei dieser Übung ist, dass du mit den entsprechenden Fragen tiefer in das Gefühl hinter dem Gefühl deines Kindes eintauchst. Gleiche die Gefühle, die du dort findest, mit den Gefühlen ab, die du auf dieser Reise, die wir beide hier antreten, schon wiederentdeckt hast. Du wirst mit großer Sicherheit feststellen, dass das, was in deinem Kind abläuft, etwas sehr Altbekanntes ist. Vermutlich so bekannt, dass du es genau davor bewahren wolltest.

Wie fühlst du dich mit dieser Erkenntnis?

Die Gefühle hinter den Gefühlen

Willst du in der Beziehung zu deinem Kind einen Schritt weiterkommen, musst du in der Beziehung zu dir selbst drei Schritte tiefer gehen.

Das Gute gleich vorweg: Nein, es ist nicht an allem deine Kindheit schuld, auch wenn das manchmal das entnervte Fazit einer ersten inneren Auseinandersetzung mit den Ursachen der Baustellen ist, vor denen Eltern stehen. Dieses Fazit dient häufig nur dazu, sich nicht weiter auseinandersetzen zu müssen. Bei der Bewältigung deiner Schwierigkeiten im Umgang mit deinem Kind geht es eben nicht darum, einen Schuldigen zu finden und deine Kindheit auf links zu drehen. Wenn du daran Freude hast, mach das unbedingt, für eine echt nahe und authentische Beziehung zu deinem Kind ist es aber nicht notwendig, jedes Steinchen am Wegesrand umzudrehen. Es reicht durchaus, dir selbst den Felsbrocken aus dem Weg zu räumen, der dir das Weitergehen erschwert. Das geht ganz leicht, wenn du anerkennst, dass die Ursache für deine Konflikte, Hemmnisse und Sehnsüchte darin liegt, was du in deiner Kindheit über Konflikte, Hemmnisse und Sehnsüchte gelernt hast.

Veränderung besteht darin, dass du heute dazulernst, und zwar nicht nur kognitiv und mit deinem Bewusstsein, sondern bis in dein innerstes Wesen hinein. Du weißt jetzt, dass die Ursache für deine heutigen Herausforderungen in deinen gestern gewonnenen

Überzeugungen über die Welt liegt. Das kannst du ändern, indem du sie dir bewusst machst und dich von all dem trennst, was dir nie gehörte. Du weißt auch, dass du ansonsten auf genau diese Weise das Paket des Unbewältigten vererbst und in deinem Kind unbeabsichtigt verursachen kannst, was du eigentlich unbedingt für es vermeiden wolltest. Du bist dir jetzt im Klaren darüber, dass du nur in aller Konsequenz bereit sein musst, vor dir selbst nicht mehr auszuweichen und den Gefühlen zu begegnen, die hinter den alltäglichen Situationen mit deinem Kind lauern. Dazu erklärst du dich im ersten Schritt einfach bereit, den Gefühlen hinter den Gefühlen zu begegnen: deiner Angst hinter der Angst um dein Kind. Deiner Scham hinter der Wut auf dein Kind. Deinen Schuldgefühlen hinter deiner Ohnmacht, wenn dein Kind seine Zähne mal wieder nicht putzen will. Du entscheidest dich einfach, zu bewältigen, was du tief in dir als nicht zu bewältigen verstaut hast, nur um beim Hinschauen festzustellen, dass du es längst bewältigt hast und es daher nicht an dein Kind weiterreichen musst. Du widmest dich deiner Selbstregulation.

Emotionale Grundbedürfnisse

Deine emotionalen Grundbedürfnisse sind so etwas wie der Mörtel deiner Psyche. Ohne sie und ihre Befriedigung hält einfach kein Stein so recht auf dem anderen und du bist ein Leben lang damit beschäftigt, eine Basis zu schaffen, die dein Leben und deine Beziehungen trägt. Wir alle haben jeden Tag unzählige Bedürfnisse, die wir mehr oder weniger gut wahrnehmen und stillen, die sich aufschieben oder auch übergehen lassen, ohne dass wir ernsthafte Konsequenzen fürchten müssen – zumindest dann, wenn wir das Aufschieben nicht zur Regel machen. Bei den emotionalen Grundbedürfnissen sieht das ganz anders aus: Wenn dieser Mörtel in deiner Kindheit nicht angerührt wird oder fehlerhaft ist, dann machst du dich als Erwachsener auf die Suche und findest Beton, Klebstoff oder läufst überhaupt hilflos umher, weil du nicht weißt, wie du dieser Instabilität begegnen sollst. Du wirst viele ziellose Versuche unternehmen, dieses Defizit zu kompensieren. In der Beziehung zu deinem Kind bedeutet das, dass deine ungestillten emotionale Grundbedürfnisse wie ein unerwünschtes Pop-up immer wieder auf der Bildfläche erscheinen und eure Beziehung verderben.

Ein guter Grund, sich genauer anzuschauen, wie deine emotionalen Grundbedürfnisse entwicklungspsychologisch aufeinander aufbauen und ihre Wechselwirkung untereinander in die Beziehung zu deinem Kind wirkt:

1. Bedürfnis nach Bindung und damit einhergehend Nähe, Schutz und Sicherheit: Dieses Bedürfnis ist das Fundament deines Seins. Ist es gestillt, fühlst du dich sicher, geborgen und mit den Menschen um dich herum verbunden. Deine Welt ist dann im Gleichgewicht, und Disharmonie und emotionale Distanz gefährden weder die Bindung zu deinen Lieblingsmenschen, noch nehmen sie dir Halt und Sicherheit. Wirkt an dieser Stelle ein Defizit, so bist du bereit, für diese positiven Gefühle der Sicherheit und des Halts über deine Grenzen zu gehen und für Harmonie zu sorgen, weil sie dir Verbindung sichern, oder du riskierst den Verlust der Harmonie erst gar nicht. Dann bist du der UNO-Blauhelm deiner Familie, fortwährend Disharmonie aufspürend und Frieden stiftend. Du vermeidest Konflikte und Trennung, denn Gefühle des Allein- oder gar Verlassenseins möchtest du niemals wieder spüren. Du fürchtest Ablehnung und fehlende Zugehörigkeit, und

deshalb empfinden andere dich nicht nur als sehr angenehm, verantwortlich, zuverlässig und fürsorglich, sondern manchmal auch als anhänglich, bemutternd oder sogar ängstlich.

2. Bedürfnis nach Autonomie und damit einhergehend nach Identität, (Selbst-)Kontrolle, Orientierung und Selbstwirksamkeit: Dieses Bedürfnis meldet sich natürlicherweise dann, wenn dein Bedürfnis nach Bindung ausreichend gestillt ist. Gut gestillt sorgt es dafür, dass du dich der Welt und ihren Herausforderungen nicht nur stellst, sondern sie erkunden und entdecken und dich selbstwirksam in ihr erfahren magst. Weil du weißt, wer du bist, bist du bereit, deine Grenzen zu wahren und deinen eigenen Zielen mit ihrem eigenen »Richtig und Falsch« zu folgen, selbst dann, wenn das für den Moment den Fall aus dem sicheren und geborgenen Schoß der Nähe bedeutet. Du hast die Erfahrung gemacht, eigenverantwortlich Einfluss auf dein Leben nehmen zu können. Ist das Bedürfnis nicht gut gestillt oder nutzt du es als Überlebensstrategie, vermeidest du jede Form der Abhängigkeit und Hilflosigkeit. Du fühlst dich schnell eingeengt und bevormundet und bist eher bereit, andere vor den Kopf zu stoßen, als dich selbst zu übergehen. Du kannst dich eher schwer und nur langsam auf Nähe einlassen und sicherst dir gerne eine Hintertür bei deinen Entscheidungen. Andere bewundern deine Unabhängigkeit und halten dich auch gerne mal für ambivalent oder sogar egoistisch.
3. Bedürfnis nach Lustgewinn/Unlustvermeidung: Dein System strebt danach, »himmelhoch jauchzend« zu erleben und »zu Tode betrübt« zu vermeiden. Du kannst dieses

grundlegende Bedürfnis als fortwährende Bewertungsmaschinerie deines Erlebens betrachten. Auf jeden Reiz reagierst du sofort mit einer »Gut/Schlecht-Bewertung«, was bedeutet, dass du unentwegt abgleichst, ob deine gerade gemachte Erfahrung deine zentralen Bedürfnisse stillt oder sie unversorgt bleiben. Die aus dieser Bewertung entstehenden Gefühle lassen dich handeln, womit die Gefühle, die dieses Bedürfnis als Signal hervorbringt, dich motivieren oder demotivieren können.

4. Bedürfnis nach Selbstwertsteigerung und damit einhergehend Anerkennung und Wertschätzung: Als Selbstwertgefühl verstehen wir die verinnerlichte Überzeugung, wichtig und wertvoll zu sein. Je verlässlicher ein Kind seine Bezugspersonen in der Erfüllung seiner Grundbedürfnisse erlebt, desto eher wird es sich als wichtig, wertvoll und willkommen erleben. Das stärkt sowohl sein Vertrauen in die Welt als auch seine Bindungsfähigkeit, wirkt also auf die beiden erstgenannten Bedürfnisse. Bist du hier im Gleichgewicht, so ist dein Selbstwert als Erwachsener nicht vom Wohlwollen des Außen abhängig: nicht von der Größe deines Autos, nicht vom Rang deiner Stellung, nicht von den Noten deines Kindes. Du fühlst dich in dir und mit dir wohl und wertgeschätzt und bist nicht auf die Anerkennung deiner Mitmenschen angewiesen. Ein früher Mangel an Zuverlässigkeit in der Erfüllung dieser Bedürfnisse hingegen verursacht im Kind ein Dilemma: Es könnte sich nun entweder als gut und wertvoll erleben und die Bezugsperson als schlecht ablehnen. Oder es lehnt sich ab, damit es die Bezugsperson weiterhin als gut erleben kann. Wir sprachen bereits darüber, dass dem Kind keine echte Wahl bleibt, weil es abhängig ist von seinen Be-

zugspersonen, weshalb es sich das Defizit, die Wertlosigkeit selbst zuschreibt. Einen solchen Mangel erkennst du daran, dass du dir selbst abwertend und kritisch begegnest, dich in Beziehungen wiederfindest, die von Frustration, Abwertung und Kritik gekennzeichnet sind, oder wenn du anderen auf diese Weise begegnest. Hast du nicht die Erfahrung gemacht, bedingungslos und für deine pure Existenz willkommen und geliebt zu sein, wirst du an dieser Stelle noch immer auf der Suche nach einem Spiegel und nach Lob und Anerkennung sein, um dich endlich nicht mehr als ungenügend, sondern als geschätzt und wertvoll zu erleben. Von anderen wirst du als besonders leistungsbereit, aufopferungsvoll oder perfektionistisch wahrgenommen und tief in dir sehnt sich ein Teil von dir danach, gehalten und bedingungslos geliebt zu sein. Dafür, dass du bist, wer du bist.

Du ahnst, ja du fühlst vermutlich gerade, wie gewaltig die Auswirkung dieser Thematik ist. Wie sehr es deinen Alltag belastet, wie sehr es die Macht hat, deine Gefühle durcheinanderzubringen, wie sehr du unwissend nach Abhilfe suchst. Was auch immer sich gerade an Erkenntnis in dir zeigt: schreib es direkt in dein Büchlein. An dieser Stelle werden sich noch viele weitere Erkenntnisse ergeben, denn hier verbirgt sich ein Generalschlüssel in das Leben, das du dir für dich und mit deinem Kind wünschst. Ohne in deiner Kindheit zuverlässig versorgte emotionale Grundbedürfnisse wirst du heute immer wieder einer Schieflage deiner Psyche begegnen, die aber eigentlich immer um Balance bemüht ist. Du wirst dann mit anderen um die Erfüllung dieser Bedürfnisse kämpfen und sie auffordern, den Mangel zu beheben. Die Gefahr ist riesig, dass du deinem Kind (oder deinem Partner) die Aufgabe überträgst, für die Erfüllung deiner emotionalen Grundbedürfnisse zu sorgen. Die Wahrscheinlichkeit, dass eure wiederkehrenden Konflikte hier ihre Ursache finden, ist exorbitant hoch, denn dieser neuralgische Punkt mischt sich durchaus auch ein in deine Partnerwahl. Dann nimmt dich dein Partner zu wenig wahr und du forderst mehr Aufmerksamkeit und Nähe, dann hört dich dein Kind zu wenig und du verschaffst dir Gehör und Selbstwirksamkeit, dann vermeidest du es, Grenzen zu wahren und auch mal nein zu sagen, weil du andere nicht verletzen möchtest und um ihre Nähe fürchtest, und dann brauchst du von deinem Kind die unbewusste Bestätigung, dass du deinen Job gut machst.

Natürlich kann das ein oder andere Genannte auch eine berechtigte Forderung in einer Beziehung sein. Du kannst dich beispielsweise außerordentlich darüber aufregen, dass dein Kind das Bad nach dem Duschen mal wieder in ein Schlachtfeld verwandelt hat. Deine Wut darüber hat aber eine andere Intensität, wenn du dich zusätzlich darüber aufregst, dass es dein Kind überhaupt nicht zu interessieren scheint, wie es dir dabei geht, wenn du zum x-ten Mal hinter ihm herräumen musst. Dann begegnest du den Gefühlen hinter den Gefühlen, die durch unbefriedigte emotionale Grundbedürfnisse verursacht werden. In deinem Erleben triggern die mit der Situation assoziierten Gedanken sehr altbekannte Gefühle, die das Potenzial haben, deinen Alltag und die Beziehung zwischen euch mächtig zu vergiften. Mit deinen Triggermomenten beschäftigen wir uns noch ausführlich. An dieser Stelle ist es wichtig zu erkennen, dass eine solche Situation, die das unaufgeräumte Badezimmer verursachen kann, für dich und dein Kind schwerer wiegt, wenn in dir bereits ein Mangel an Selbstwert und Erlaubnis zur Autonomie herrscht, der mit den herumliegenden Klamottenbergen und hinterlassenen Wasserpfützen deines Kindes nichts zu tun hat, sondern der Situation erst den unkontrollierbaren Charakter eines emotionalen Super-GAUs gibt.

Alternativ könntest du nämlich auch erkennen, dass du heute kein bedürftiger Säugling und eben nicht mehr von anderen abhängig und auf sie angewiesen bist, um dich wohlzufühlen. Dein emotionales Wohlbefinden würde nicht mehr darauf fußen, von anderen in deiner Bedürftigkeit erkannt und versorgt zu werden und du würdest lernen, dich und deine Bedürfnisse grundlegend selbst zu versorgen, und das bereits weit vor der Badezimmertür. Dabei darfst du das chaotische Badezimmer weiterhin blöd finden. Es sind damit nämlich nichts weiter als unaufgeräumte Zimmer, die du ablehnst, ein klärbarer Konflikt im Heute. Es ist nicht mehr ein Stellvertreterproblem, das dich von der wahren Ursache für deine im Gestern entstandenen und dich belastenden Empfindungen ablenkt, in dem Fall davon, dass du überzeugt bist, dass deine Bedürfnisse nicht zählen (denn ansonsten würde dein Kind ja dieses vermaledeite Bad aufräumen, so denkst du). Damit ist es für dein Kind keine emotionale Last mehr, von der es sich abgrenzen muss, indem es dich noch weniger hört, sondern nur noch was es ist: ein Konflikt im Hier und Jetzt, den es zu klären gilt. Wenn sich an dieser Stelle Widerstand in dir regt, dann bist du hier genau richtig, denn dann ist dein unerkannter emotionaler Mangel und dein Wunsch bedingungslos gehalten, versorgt, akzeptiert und geschätzt zu werden, einfach sehr groß. Dann wird es höchste Zeit, dich diesen Bedürfnissen zuzuwenden. An kaum einer anderen Stelle unserer Arbeit zeigt sich die erlernte Hilflosigkeit im Umgang mit den eigenen Gefühlen so deutlich wie hier. An keiner anderen Stelle wird so offenkundig sichtbar, wie viel komfortabler es ist, die Verantwortung an andere abzugeben und sich versorgen zu lassen, im Glauben, dass dies die Probleme lösen würde. Dieser Glaube besteht auch dann noch weiter, wenn dieses Unterfangen im Kampf endet, weil andere das eben zumeist ablehnen oder an dem Versuch, deine Bedürfnisse zu stillen, kläglich scheitern. So ein Glück, denn es sind ja auch gar nicht ihre Bedürfnisse und fallen damit gar nicht in ihre Zuständigkeit.

Genau hier, in der Befriedigung emotionaler Grundbedürfnisse, liegt das Potenzial für das größte kollektive Wachstum unserer Gesellschaft. Stellen wir uns doch nur mal für eine Sekunde vor, jeder einzelne Mensch würde sich selbst nicht nur wichtig nehmen, sondern sich auch für sich selbst verantwortlich zeigen. Stell dir vor, sie würden sich emotional mit all dem versorgen, was sie brauchen, und würden nie mehr jemand anderen hierfür in die Verantwortung ziehen. Das wäre das Ende des inneren Mangels und der damit verbundenen Unzufriedenheit, Schwere und Verantwortungsverschiebung und damit der Beginn innerer Freiheit. Wie häufig versuchen Menschen für andere zu sein, wen diese sich für das eigene innere Gleichgewicht wünschen, und scheitern kläglich? Wie oft versuchst du jemanden zufriedenzustellen und gehst dabei über deine Grenzen, ohne zu wissen, wie du dich selbst zufriedenstellst? Wüssten alle Menschen Bescheid über die Ursache ihrer inneren Disbalance und würden hier gezielt gegensteuern, indem sie sich selbst nähren und ihre Grundbedürfnisse verantwortungsvoll stillen, wären sie emotional derart gefüllt, dass sie sich spielend um ihre Liebsten kümmern könnten. Die Übernahme der Verantwortung für die Versorgung der eigenen emotionalen Grundbedürfnisse hat also das Potenzial, das Erleben aller Menschen individuell und kollektiv nachhaltig zu verändern. Welch eine Macht haben sie dann erst auf die Beziehung zu deinem Kind! Ein sehr guter Grund, sie noch genauer anzuschauen und dein Kind in eine solche Welt zu entlassen.

Wir sprachen zu Beginn über unbefriedigte Bedürfnisse als Ursache von (negativen) Gefühlen und dass diese verschwinden, wenn das ihm zugrunde liegende Bedürfnis von dir gestillt wurde. Im Umkehrschluss bedeutet das, dass chronisch unbefriedigte Bedürfnisse immer wieder in Form negativer Gefühle spür- und sichtbar werden, und zwar so lange, bis sie befriedigt sind. Die Könige unter den Bedürfnissen, die emotionalen Grundbedürfnisse, bestimmen dein Leben, deine Beziehungen und deine Lebensqualität in jedem Moment, den du auf dieser Welt verbringst. Die Brille deiner Wahrnehmung erhält ihren Grundton durch sie. Sind sie chronisch unterversorgt, betrachtest du die Welt durch deine Wahrnehmungsbrille unter dem Fokus des Mangels: Musst du immer darum kämpfen, Zeit für dich zu haben und dich um dich zu kümmern, weil ständig jemand etwas von dir möchte, und ist dieser Zustand für dich unaushaltbar? Es meldet sich dein unversorgtes Bedürfnis nach Autonomie.

Du musst emotional immer beim anderen unterwegs sein, damit dein Gegenüber (mit dir) zufrieden ist? Du musst dich um den anderen kümmern, seine Bedürfnisse wahrnehmen, ihn versorgen, dich dabei selbst übergehen und hältst es kaum aus, wenn dein Gegenüber sauer auf dich ist oder du das Gefühl hast, in seinen Augen etwas falsch gemacht zu haben? Damit pfeifst du auf dein Bedürfnis nach Autonomie, weil das Loch in deinem emotionalen Grundbedürfnis nach Nähe und Bindung noch viel größer ist. Dein Bedürfnis nach Autonomie und Ausdruck deiner selbst wahrzunehmen, kannst du dir gar nicht leisten.

Und das alles war dir bisher noch nicht einmal bewusst! Du versuchtest einfach nur alles Mögliche, um innerlich stabil zu bleiben. Aber jetzt hast du erkannt, dass du diesen Mangel an dein Kind weiterreichst, sofern du ihn nicht in dir abstellst. Eltern, die unbewusst eine ungestillte Sehnsucht nach Nähe und Bindung in sich tragen, hindern unbewusst auch ihre Kinder daran, ihre Autonomie in Gänze zu erleben und ihre Selbstwirksamkeit zu erfahren, weil diese Freiheit das ungestillte Bedürfnis nach Bindung und Schutz der Eltern gefährden könnte.

Dein Kind hat nun zwei Möglichkeiten zu reagieren. Entweder übernimmt es deine Sicht, findet die Welt ebenfalls gefährlich und meidet die Versorgung dieses Bedürfnisses: Diese Kinder sind häufig sehr schüchtern und scheu und du wunderst dich vielleicht darüber, denn du bestärkst es ja im Explorieren und verbringst eine Menge Zeit damit, es zu ermutigen, Neues auszuprobieren und sich »auch mal zu trauen«. Oder dein Kind stellt die Befriedigung dieses von dir (unbewusst) abgelehnten Bedürfnisses nach Autonomie, das deine Angst eines drohenden Bindungsverlusts triggert, als Überlebensstrategie ins Zentrum seiner Welt: Diese Kinder sind emotional gar nicht gut erreichbar, weil sie scheinbar sehr unabhängig ihrer eigenen Spur folgen, ihre Grenzen wahren und dich dabei aus ihrem »Raum« werfen. Aus dem Raum, der ihm gehört und der dir nicht zugänglich ist, weil es dir kein Recht einräumt, auf es einzuwirken. Ein klassischer Eltern-Kind-Konflikt um Nähe und Distanz entsteht, und du verkennst dabei, dass dieser Konflikt schon lange zuvor in dir vor sich hin schmorte. Schließlich hast du ihn selbst von deinen Eltern erworben, denen dieser Konflikt und ihre darin versteckten Ängste und Überzeugungen nicht bewusst waren.

Es ergibt sich ein lebenslanger Balanceakt, diese scheinbar konträr wirkenden Kräfte zu einen: Menschen möchten sich nah und verbunden fühlen, aber auch sie selbst bleiben und sich nicht im anderen verlieren. Wir wollen immer beides und sind doch darauf programmiert, das eine dem anderen unterzuordnen. Das gilt umso mehr, je mehr wir das eine oder das andere als potenzielle Bedrohung erfahren haben. Bitte erinnere dich an dieser Stelle daran, dass nicht das objektive Vorhandensein einer Bedrohung eine solche transgenerationale Blockade verursacht, du also nicht verlassen worden sein musst und dir niemand mit seinem Weggehen gedroht haben muss. Es reicht aus, dass du eine Situation als Bedrohung wahrgenommen und den Verlust der Bindung als möglich erlebt hast. Geh davon aus, dass deine Eltern dir diese Last so wenig weitergeben wollten, wie du es bei deinem Kind möchtest, aber noch weniger Mittel zur Verfügung hatten, diesen Kreislauf zu durchbrechen. Dir hingegen stehen mithilfe dieses Buches alle Türen offen.

Glaubenssätze

Es ist nahezu selbsterklärend, dass du aus diesen Erfahrungen mit den Grundbedürfnissen Überzeugungen über dich und deiner Stellung in Bezug auf die Welt ableitest. Wenn deine emotionalen Grundbedürfnisse nicht zuverlässig versorgt wurden, weil die Menschen um dich herum deine Bedürfnisse nicht erkannten oder es aus verschiedenen Gründen nicht leisten konnten – zum Beispiel, weil sie selbst nicht zuverlässig gebunden waren –, so hast du etwas gelernt aus diesen Erfahrungen.

Es ist kein Verlass auf die Welt um dich herum; du kannst die Welt um dich herum nicht kontrollieren; Menschen, die sich nahestehen, kommunizieren abwertend und geringschätzig miteinander. Aus diesen Lernerfahrungen hast du unbewusst weitere Rückschlüsse darüber gezogen, wie damit so umzugehen ist, dass du dennoch auf bestmögliche Weise in dieser Welt bestehst. Du hast dann möglicherweise den Schluss gezogen, dass du am besten mit der Unkontrollierbarkeit der Welt und dem Verhalten dir nahestehender Menschen zurechtkommst, wenn du dich niemals wieder in tiefer Nähe an jemanden bindest. Oder du hast beschlossen, dich dafür verantwortlich zu fühlen, wie die anderen sich fühlen, denn dann ist die Unkontrollierbarkeit am geringsten spürbar – schließlich übst du ja entsprechenden Einfluss, Kontrolle, aus, wenn du dafür zuständig bist, dass sich alle wohlfühlen, und nicht sie selbst. Vielleicht war dein Rückschluss auch, niemals ein so böses Wort gegenüber deinen Lieben auszusprechen, wie du es erfahren hast, auch wenn es dich sehr viel Kraft kostet, nicht zu deinen Gefühlen zu stehen, denn das ist der Preis des Immer-nett-Seins. Ganz sicher hast du aus dem Gelernten auch den Rückschluss gezogen, dass auf niemanden wirklich Verlass ist und dass alles, was du dir wünschst, von und durch dich selbst bewirkt werden muss. Diese Überzeugungen nennen wir hier Glaubenssätze. Das Gemeine an ihnen ist nicht nur, dass wir sie überhaupt in uns tragen – und nicht nur einen, sondern viele –, sondern dass wir unsere Handlungen unbemerkt an ihnen ausrichten. Dein Leben wird sehr anstrengend sein, wenn du glaubst, dass du für alles verantwortlich bist, und du wirst dich sehr allein und häufig überfordert und wertlos fühlen, wenn du anderen lieber nicht vertraust.

Glaubenssätze sind deine subjektive Wahrheit von der Welt und wie du in ihr funktionierst, die du schnell mit »der« Wahrheit verwechseln könntest, und all deine unbewussten Handlungen in Bezug auf diese Glaubenssätze haben das Ziel, deine ebenfalls unbewussten Glaubenssätze als innere Ordnung aufrechtzuerhalten und dir Orientierung zu verschaffen. Ein wesentlicher Teil in dir möchte sich sicher fühlen und erhalten, was du glaubst. Am Ende nennst du das Alltag, und dein Kind nennt es Kindheit, weshalb du deinem Kind dringend erlauben solltest, deine Wahrheiten infrage zu stellen.

Versetze dich einmal in die Zukunft und stell dir dein Kind in fünf Jahren vor. Stell dir vor, die emotionalen Grundbedürfnisse deines Kindes wären befriedigt, weil du sie versorgt und dein Kind altersgemäß angeleitet hast, sie selbst zu versorgen. Außerdem hätte es gleichzeitig durch Beobachtung an dir erlebt, dass du für die Erfüllung deiner eigenen Bedürfnisse in die Verantwortung gehst –

was für ein Kind stände dann vor dir? Ich finde es sehr wichtig, zu fragen, was ein Kind aus deinen Haltungen und Handlungen lernt, denn hierin finden sich nicht nur die guten Gründe auch für scheinbar befremdliches Verhalten des Kindes, sondern dies ist das einzige Mittel, mit dessen Hilfe du Einfluss darauf nehmen kannst, wie dein Kind sich entwickelt. Zumindest wenn du dabei ohne Gehorsam, Strafen und Kontrolle auskommen möchtest. Und die Antwort ist ganz einfach: Dein Kind hätte in den fünf Jahren gelernt, dass es auch dann sicher gebunden ist, wenn es sich von dir ab- und der Welt zuwendet. Es hätte gelernt, dass es bedingungslos willkommen und wertvoll ist und dass sein Tun dazu dienen darf, sein Wesen auszudrücken und dabei Lust zu empfinden. Dies hätte weitere positive Gefühle hervorgebracht, die seiner Motivation dienen, und es würde für immer und gerne seine Hausaufgaben erledigen. Das Letzte war natürlich nur Spaß, aber du verstehst schon, worauf ich hinauswill: Das Kind, das du vor dir sähest, wäre mit sich und seinem Platz in der Welt im Reinen, weil es Zugang zu sich und seinem wahren Selbst und damit zu seinem vollständigen Potenzial hätte. Nichts könnte dein Kind besser auf sein selbstständiges Leben in den buntesten Farben vorbereiten.

Es ist nicht nur deine Aufgabe, über deine primär wirksamen Glaubenssätze Bescheid zu wissen, sondern auch, dafür zu sorgen, deinem Kind so wenig limitierende Glaubenssätze wie möglich mit auf den Weg zu geben. Das funktioniert bekanntermaßen am besten, je klarer, aufgeräumter und verantwortlicher du mit der Versorgung deiner und seiner Grundbedürfnisse umgehst, denn sie sind der Ursprung deines Glaubenssatzsystems und damit deiner inneren Orientierung von der Welt, in der du lebst. Aus diesem Grund ist jede Glaubenssatzarbeit auch nur so gut wie die Auseinandersetzung mit dem Ursprung deiner Bedürftigkeit. Reine Glaubenssatzarbeit ohne Berücksichtigung dieses Anteils ist nicht zielführend und wird der Macht der zugrunde liegenden Bedürfnisse nicht gerecht. In unserer Praxis nennen wir das »Glitzer auf die Wunde streuen«. Kannst du machen, sieht hübscher aus, ändert aber nicht nachhaltig das, worüber du immer wieder stolperst. Widme dich lieber der Wunde und sorge für ihre Heilung.

Trigger und emotionale Blockaden

Dein Kind fühlt deine Wunde. Nicht auf rationale und bewusste Weise und auch nicht, weil es möchte, dass du heilst, wie in esoterischen Kreisen gerne angenommen wird. Es fühlt sie, weil sie mit seiner gesunden Entwicklung kollidiert. Sie steht im Weg. Es möchte also für sich und nicht für dich sorgen, und das ist auch gut so. Ich wette, dass es keinem Menschen auf der Welt so gut gelingt wie deinem Kind, dich in Überschallgeschwindigkeit in einen emotionalen Ausnahmezustand zu versetzen und das Monster in dir zu wecken, vor dem du dich so sehr erschreckst, dass du es am liebsten vor dir selbst leugnen würdest. Dein Kind kennt die rot blinkenden Knöpfe, auf denen »Nicht drücken« steht, besser als den Inhalt seiner Legokiste. Eltern, die behaupten, diesem inneren Monster noch nie begegnet zu sein, sind entweder Heilige oder einfach nicht ehrlich zu dir oder sich selbst. Also, was passiert da in diesen Autopilotmomenten, in denen du brüllst, heulst oder tobst, bis die Wände wackeln? Was passiert, wenn du den abhängigen, kleinen und liebenswerten Menschen, der dir das Wichtigste auf der Welt ist und für den du auf der Stelle dein Leben lassen würdest, auf eine Weise behandelst, wie du sie nie für möglich gehalten hättest, weil du sie von außen betrachtet verächtlich findest? Du weißt schon, die fuchsteufelswilden Momente, die du am liebsten ungeschehen machen würdest, weil dir so leid tut, was du gesagt oder getan hast?

Das Wichtigste vorweg: Solange du weißt, dass objektiv schlecht für dein Kind war, was du getan hast, und du das nicht wiederholen möchtest, gibst du noch immer dein Bestes. Solange du es besser machen möchtest und gleichzeitig nach Wegen danach suchst, am besten in dir, bist du noch immer die beste Mama oder der beste Papa für dieses Kind. Ohne Wenn und Aber! An wem kann dein Kind besser und sanfter wachsen, wenn nicht an dir und mit deiner Begleitung? Wo und wann wird es wieder Gelegenheit finden, in geschütztem Rahmen, sicher und gebunden und von dir begleitet, solchen Herausforderungen begegnen, und damit Möglichkeiten, eigene Ressourcen auszubilden? Für dein Kind geht es ja gar nicht darum, vor Hindernissen im Leben auszuweichen und keinen Schwierigkeiten zu begegnen, denn das wäre nicht nur sehr langweilig, sondern zudem fern jeder Lebensrealität – ganz gleich, wie groß der elterliche Wunsch auch sein mag, es genau vor genau diesen Schwierigkeiten zu beschützen. Es geht darum, Kompetenzen zu erwerben und mit allerhand Persönlichkeitswerkzeug ausgestattet zu sein: mit Selbstvertrauen, Selbstbewusstsein, innerer Stärke, Werten und Beziehungsfähigkeit. Wann und wo soll es sich darin üben, wenn nicht an und mit dir?

Dies ist kein Freifahrtschein, jedes Verhalten an den Tag zu legen, das dir beliebt, und deine Gefühle unkontrolliert und unreflektiert auf deinem Kind abzuladen. Dieses Buch versteht sich als das Gegenteil dessen, aber es ist eine Aufforderung, deine Selbstverurteilung zu stoppen, denn sie trennt dich von deinem Kind und von deinem inneren Wachstum. Es ist die wohlwollende Ermunterung, dich authentisch, nahbar und verletzlich zu zeigen, denn Kinder lieben fehlbare Eltern. Das hilft ihnen, den Fehler nicht in sich zu suchen, wenn es eine schwierige Situation gibt, aber eigene Schwächen dennoch zu akzeptieren und sich nicht dafür abzulehnen. Außerdem lieben Kinder bemühte Eltern, weil ihnen das spürbar versichert, wertvoll und gleichwürdig für sie zu sein. Dein Kind möchte dich nah und in echt, mit all deinen Schwächen und Defiziten, und nicht als die perfekte Version von dir, die du zu gerne wärst.

Dich und deine Schuldgefühle in den Autopilotmomenten nicht mehr so wichtig, sondern nur noch ernst zu nehmen, wäre ein erster mächtiger Schritt auf dem Weg, eure wiederkehrenden Triggersituationen zu überwinden. Wieso? Weil du in diesen Momenten bisher gar nicht anders reagieren konntest, als du es getan hast. Du konntest nicht *nicht* anspringen und du konntest nicht *nicht* emotional auf dein Kind reagieren. Du konntest keinen der wunderbaren Erziehungstipps, die du dir extra für diese Momente angelesen hast, umsetzen und den Raum verlassen oder singen, zählen, auf Serbokroatisch fluchen und dich beruhigen und beim nächsten und übernächsten Mal einfach gelassener sein. Du kannst gar nicht genug Seelenhygiene betreiben, Achtsamkeit trainieren, Cappuccinos auf der Terrasse trinken und Yogastunden absolvieren, um dich nicht angegriffen, missachtet, verletzt, übersehen oder wertlos zu fühlen. Möglicherweise gelingt es dir manchmal, deine Gefühle hinunterzuschlucken und äußerlich weniger aufbrausend oder gar ruhig zu bleiben, aber genau das meine ich damit eben nicht. Ich meine, es kann dir bisher in diesen Momenten nicht gelungen sein, dich *nicht* triggern zu lassen, also keine innere Reaktion auf einen äußeren Reiz folgen zu lassen, gelassen zu bleiben, unbeteiligt oder unbeeindruckt zu sein und dich nicht nur zu *bemühen*, es zu sein oder es für dich oder dein Kind so erscheinen zu lassen.

Schauen wir uns also mal an, was in diesen Momenten geschieht, denn das ist eine ganze Menge. Da du die farbige Brille, mit der du die Welt siehst, seit deiner Kindheit trägst, hat dein Gestern ein gehöriges Wörtchen dabei mitzureden, wie du die Welt heute empfindest: auf welche Art du den Apfelbaum im Garten wahrnimmst, ob du ein überdurchschnittliches Bedürfnis nach Distanz in Beziehungen hast, ob du die Welt für einen Ort hältst, an dem Menschen sich anpassen und genügen müssen, oder ob sie nicht doch einfach ein Ponyhof ist. All diese Erkenntnisse, die du eine Kindheit lang mithilfe deiner Bezugspersonen gewonnen hast, ergeben deine ganz individuelle innere Landkarte. Jede dieser durch Wiederholung gewonnenen Erkenntnisse ergibt eine Erfahrung und jede Erfahrung ist mit einem Gefühl verknüpft, denn dein kindliches System hatte ja keine integrierte Scannerfunktion, mit der alle Erfahrungen einfach auf dem inneren Desktop abgespeichert wurden. Nein, du hast jede einzelne dieser Erfahrungen an jedem dieser Tage im Gestern gelebt. Du hast geweint, hast dich gefreut, warst wütend, hilflos oder frei und glücklich beim Erleben dieser Erfahrungen. Abends gingst du dann schlafen und dein kindliches System hat all die Erlebnisse und Erfahrungen des Tages verarbeitet, damit du am nächsten Tag ausgeschlafen und bereit für das nächste Abenteuer und die nächsten Erlebnisse und Erfahrungen warst, denn Leben geht vorwärts.

Diese nächtliche Verarbeitung findet natürlich nicht nur in der Kindheit statt, sondern dein ganzes Leben lang. In der Kindheit ist sie nur deshalb von größerer Bedeutung, weil hier zwei entscheidende Faktoren zusammentreffen: Zum einen ist für ein Kind nahezu jede Erfahrung neu und bildet die Grundlage für die Ausbildung der Vorstellung des Kindes von sich in der Welt, zum anderen ist die kindliche Resilienz grundsätzlich geringer als die eines Erwachsenen. Es verfügt über weniger sinnvolle und erprobte Bewältigungsstrategien als jeder Erwachsene. Das ist im Übrigen der Grund dafür, warum Erwachsene noch immer gerne vor den in der Kindheit erlebten und als nicht zu bewältigen erfahrenen Emotionen davonlaufen oder sie gut vor sich verborgen haben. Sie haben bestimmte Gefühle als vollkommen überwältigend erlebt und halten diese Erfahrung noch immer für die Wahrheit, denn so haben sie die Erfahrung abgespeichert oder unvollständig verarbeitet. Sie verkennen dabei, dass sie nun längst erwachsen sind und über Dutzende neuer Möglichkeiten verfügen, mit diesen Gefühlen umzugehen. Auf diese Weise bleibt das Gestern immer lebendig im Heute erhalten und du empfindest ein unaufgeräumtes Badezimmer nicht nur als chaotischen Raum, sondern auch als Missachtung deiner Person. Dann tut dein Kind Dinge, um dich zu ärgern. Dann überhört es Dinge, weil du ihm in deinen Wünschen nicht wichtig bist, und dann macht seine Wut dich hilflos und wütend. So empfindest du es zumindest in diesen Momenten.

Lass uns also zurück zu dem Punkt der kindlichen Entwicklung gehen, an dem die Verarbeitung bestimmter Erlebnisse nicht in Gänze stattfinden konnte und der heute, Jahrzehnte später, noch immer dazu führen kann, dass du dein geliebtes Kind manchmal auf eine Art und Weise behandelst, für die du dich vor dir selbst schämst. Während du als Kind Erlebnisse, Erfahrungen und Erkenntnisse gesammelt hast, war dein kindliches Gehirn während der Nacht bemüht, all die Eindrücke eines Tages physiologisch zu verarbeiten. Dies geschieht primär während des REM-Schlafes, in dem sich die Augen merkbar hinter den geschlossenen Lidern bewegen (»Rapid Eye Movements«). Er gilt als die Schlafphase, in der die Verarbeitung emotionaler und prozessualer Erinnerungen stattfindet, gekennzeichnet durch Träume. Zu diesem Zeitpunkt wird, sehr vereinfacht ausgedrückt, dafür gesorgt, ein Erlebnis zu vergessen oder es im Langzeitgedächtnis abzuspeichern. Für diese reinigende Phase des Schlafes, in der das Gehirn fleißig neuronale Verknüpfungen baut, steht dem Körper jedoch nur ein bestimmtes Zeitfenster zur Verfügung, das nicht einfach ausgeweitet werden kann, nur weil an einem Tag mehr zu verarbeiten wäre. Wenn du eine dieser Fitnessuhren besitzt, mit denen du deine Schlafphasen aufzeichnen kannst, wirst du festgestellt haben, dass du über einen bestimmten Prozentsatz an REM-Schlaf einfach nicht hinauskommst und dass Stress und Alkohol ihn ungünstig beeinflussen.

Überfordern die Erlebnisse eines Kindes an einem Tag also seine Schutz-, Selbstregulations- oder Bewältigungsmechanismen massiv, sind die Erlebnisse gar traumatisch oder aber macht das Kind wiederkehrend emotional mäßig überfordernde Erfahrungen, so wird es im Schlaf nicht zu einer ausreichenden und regelrechten Verarbeitung kommen können und die Ereignisse können nicht im expliziten, autobiografischen Gedächtnis abgespeichert werden. Ein Mehr an belastenden und komplizierten Erfahrungen aktiviert eben nicht in gleichem Maße auch mehr Bewältigungsmechanismen. Um weiterhin pragmatisch und anschaulich für dich zu bleiben, möchte ich an dieser Stelle nicht zu tief in die Hirnphysiologie einsteigen. Wenn dich dieses Thema weitergehend interessiert, lies unbedingt »Verkörperter Schrecken« von Bessel van der Kolk (siehe die Literaturempfehlungen am Ende des Buches).

Wichtig zum Verständnis deiner Unfähigkeit, dich im Umgang mit deinem Kind nicht triggern zu lassen und die alten Emotionen von der aktuellen problembelasteten Situation automatisch trennen zu können, ist, dass du anerkennst, dass deinem kindlichen Gehirn die Verarbeitung belastender Emotionen nicht geglückt ist und sie an »falscher Stelle«, dem impliziten, emotionalen Gedächtnis unvollständig bearbeitet und abgelegt wurden. Dort fehlt ihnen nun die neuronale Verbindung zu den Teilen deines Gehirns, die für Raum und Zeit sowie für Logik verantwortlich sind. Dies ist der Grund, wieso Gefühle von gestern so leicht zu triggern, also auszulösen sind und du sie noch heute als pure, brachiale Emotion empfindest.

Die Amygdala als Zentrum des emotionalen Gehirns ist auch als »heißes Gedächtnis« oder Traumagedächtnis bekannt, und wann immer sie als Wächter anspringt, der für dein Überleben sorgt, vermutest du Gefahr. Auf Gefahr reagieren Menschen auf drei Arten: Wir kämpfen, indem wir schreien, wir stellen uns tot, indem wir die Gefühle unseres Kindes leblos an uns abprallen lassen, oder wir flüchten, sofern möglich, aus der Situation. Hast du also beispielsweise irgendwann einmal die unbewältigte Erfahrung totaler Ohnmacht und Hilflosigkeit gemacht oder hast dich wiederkehrend hilflos und ohnmächtig gefühlt, so hast du im Laufe deines Lebens sicher grandiose Strategien entwickelt, dieses Gefühl zu vermeiden. Du kompensierst mit Leistung und strengst dich mächtig an, die Kontrolle über die Ereignisse nicht zu verlieren, denn daran hängt unbewusst ein großer Teil deiner emotionalen Sicherheit. Eine Dreijährige, die sich weigert, ihre Zähne zu putzen und deren emotionale und physische Grenzen dir wichtig sind, hat die ungewollte Macht, dich in Blitzgeschwindigkeit in diese Gefühle der Ohnmacht und Hilflosigkeit zu katapultieren – geradewegs vorbei an deinen hübschen Vermeidungsstrategien der Kontrolle und der Leistungsfähigkeit, mitten hinein in dein emotionales Zentrum – deine Amygdala. Dein Gehirn erlebt diese Situation sozusagen als die ursprüngliche Situation, in der du diese Gefühle erlebt hast. Ein Teil deines Gehirns erkennt dich nicht mehr als Elternteil der Dreijährigen, sondern reagiert so, als würde die Ursprungsgefahr genau jetzt stattfinden. Genau jetzt und heute auf deinem Badezimmerteppich wird gestern zu heute und bist du in Gefahr und spürst du Ohnmacht und Hilflosigkeit, die in ihrer Intensität der Situation nicht angemessen scheinen.

Das Wesen auf der Welt, das dir so nah und wichtig ist wie kein anderes, hat einen einzigen Reiz gegeben, der dein emotionales Überleben infrage stellt, und du weißt nicht mal darum. Und nun sag mir, wenn dir diese Kausalität nicht bewusst ist, wie willst du damit aufhören? Wie willst du mit der Kraft deines Willens derartigen Überlebensinstinkten begegnen, wenn du um die Macht und Größe deines wahren Gegners, deiner eigenen Hirnchemie, gar nicht weißt und stattdessen dein Kind bekämpfst? Gar nicht, genau.

An dieser Stelle ist es mir wichtig, darauf hinzuweisen, dass es keiner traumatischen Kindheit bedarf, um dich von deinem Kind getriggert zu fühlen. Es braucht keine Erwachsenen, die dir Schaden zufügen wollten, und es braucht kein asoziales Milieu, das dich vernachlässigt hat. Es reicht, von Erwachsenen umgeben gewesen zu sein, die mit ihren eigenen Gefühlen und Überzeugungen über die Welt nicht zurechtkamen, sie verdrängten, leugneten oder vermieden, um sie überhaupt auf irgendeine Weise zu bewältigen, oder die dich vor solchen Gefühlen beschützen wollten. Sie wussten einfach nicht, wie sie dich durch deine Gefühle begleiten sollten, und zumeist wussten sie nicht mal, dass sie das wissen sollten. Diese Tatsache ist mit Sicherheit die traurigste des Buches, denn die Weitergabe des eigenen Traumas, das ich hier dem griechischen Wortsinn nach als emotionale Wunde überwältigender und auswegloser Intensität, nicht aber als Traumafolgestörung verstehen möchte, ist damit auf so schnelle, unwissende und einfache Weise möglich, während sie auf wissende und bewusste Weise genauso leicht zu stoppen ist.

Du durchbrichst diese Spirale, indem du dir bewusst machst, dass du unbewältigte Gefühle in einem Teil deines Gehirns fehlgespeichert hast, wodurch es für dein Kind nur einen Knopfdruck braucht, sie zu aktivieren und dich in die Wut, Trauer oder Angst zu katapultieren, die dem gespeicherten Gefühl ursächlich zugrunde liegt. So wütend, so traurig und so ängstlich, wie du dich in diesen Momenten fühlst, warst du tatsächlich einmal, aber diese Gefühle gehören nicht in die heutige Situation mit deinem Kind. Du erlebst mit ihm heute Situationen, die der Wächter deines Gehirns als einer alten Gefahr ähnlich einstuft, weshalb du sie überhaupt wieder spürst. Das ist der rote Faden deiner Geschichte und der Grund dafür, dass du deine Reaktion auf ein Verhalten deines Kindes zwar als unangemessen erlebst, sie aber nicht verändern kannst. Die beste Nachricht daran ist: Das muss nicht so bleiben und es gibt großartiges Werkzeug, die fehlende Verarbeitung nachzuholen. Außerdem solltest du nicht unterschätzen, wie wichtig es für die gesunde Entwicklung deines Kindes sein kann, diesen Mechanismus nicht nur zu erkennen, sondern ihn auch zu benennen und altersgerecht an dein Kind zu kommunizieren. Mit diesem Bewusstsein entlastest du dein Kind von eigenen Schuldgefühlen, stärkst seine Wahrnehmung, zeigst dich authentisch und gibst eurer Beziehung die Chance zu Tiefe und gemeinsamer Entwicklung. Achte jedoch darauf, dass du damit nicht versuchst, dich deiner nicht existenten Schuld zu entledigen.

Fallbeispiel: Jenny und Celine

Ich möchte dir von Jenny und Celine erzählen, die uns als Mutter-Tochter-Gespann auf einem unserer Retreats begegneten. Jenny war zu diesem Zeitpunkt 45-jährige Mutter von fünf Töchtern zwischen acht und 20 Jahren, eine sehr adrette, sympathische und gleichermaßen selbstkontrollierte und nervöse Erscheinung. Sie hatte bei ihrer Ankunft in unseren Räumen eine Anreise von fast 1000 Kilometern hinter sich und wirkte nicht erschöpft, sondern zerrissen, aufgelöst und beinahe schon panisch, während ihre 20-jährige Begleitung, ihre älteste Tochter Celine, scheinbar souverän, selbstsicher und stützend wirkte und in dieser Art auch beruhigend auf sie einredete. Hierbei fiel auf, dass sowohl Celine als auch Jenny wiederholt davon sprachen, dass Celines Aufgabe während unserer dreitägigen Veranstaltung nicht etwa darin bestünde, ihre Rolle im Familiensystem zu reflektieren und mögliche Blockaden zu lösen, sondern ihre Mutter zu »beschützen«. Zu diesem Zeitpunkt wussten wir noch nicht, dass Jenny einige Jahre zuvor in einen Burn-out gerutscht und an einer depressiven Störung erkrankt war, in deren Folge sie einen Selbstmordversuch unternahm. Nun war es sowohl Jennys als auch Celines Wunsch, die Wiederholung eines solchen emotionalen Horrorszenarios zu verhindern.

Jenny wandte sich im Erstkontakt an uns, weil sie mit all ihren Töchtern wiederkehrende Konflikte austrug, wobei sie die Reibereien mit ihrer Zweitgeborenen Anna als sehr massiv und belastend beschrieb. Celine könne sie noch am ehesten durch Worte erreichen, während sich die 17-jährige Anna komplett in sich zurückziehe und ihre Mutter aus ihrem Leben ausschließe. Jenny litt hierunter sehr, denn das Verhältnis zu ihrer eigenen Mutter war ebenfalls kein vertrauensvolles. Sie befürchtete eine Reinszenierung ihrer eigenen Geschichte und litt unter dieser Vorstellung. Am allermeisten aber wünschte Jenny sich Lebensfreude. Sie wollte endlich Spaß an ihrer Familie und etwas mehr Leichtigkeit in ihrem Alltag haben.

Insgesamt beschrieb Jenny uns ihren Alltag als sehr anstrengend, durchgetaktet und arbeitsreich. Dies lag sicher zu einem Teil an der Arbeitslast, die die Rolle einer Mutter von fünf Kindern automatisch mit sich brachte, wurde aber zum erheblich größeren Teil durch einen Perfektionsanspruch ausgelöst, der all ihren Handlungen zugrunde lag. Zu diesem Zeitpunkt hatte ich bereits die Vermutung, dass sich hinter Jennys ausgeprägter Angst und Erschöpfung auch der Versuch verbarg, eines ihrer ungestillten emotionalen Grundbedürfnisse zu befriedigen. Das kostete sie ganz offenkundig alles an Kraft und Reserve, was sie noch zur Verfügung hatte. Kurz gesagt: Jenny war fix und fertig. Kaum hatte sie nach ihrer langen Reise an einem der Tische im Aufenthaltsraum Platz genommen, rannen die Tränen auch schon in Strömen.

Jennys Leidensdruck war enorm, und so war es an diesem Wochenende sehr leicht mit ihr zu arbeiten, denn sie war wirklich bereit, sich auf diese Arbeit und die Nähe, die sie erfordert, einzulassen. Jenny war bei einer Mutter aufgewachsen, zu der sie über die Jahre wenig Vertrauen entwickeln konnte, und es war ihr nicht möglich, diesen Mangel an Nähe und Zuwendung an bestimmten Situationen festzumachen, denn insgesamt hatte Jenny wenige Erinnerungen an die ersten zehn Jahre ihrer Kindheit, was für ein Coaching aber auch gar nicht notwendig ist. Jenny verfügte über einen außerordentlich guten Zugang zu ihrer Angst. Es war ein wenig, als sei Angst ihr inneres Navigationssystem, das dafür sorgte, dass sie sich nie wieder den Situationen aussetzen würde, die sie irgendwann einmal als gefährlich abgespeichert hatte. Wir folgten also den Vermeidungsstrategien, die sie entwickelt hatte, um diese Angst nicht mehr zu fühlen. So wollten wir herausfinden, welcher ursprünglichen Gefahr sie eigentlich auswich. Wir stellten dabei schnell fest, dass sie es in ihrem Alltag vermied, eine zu große Distanz zu ihren Kindern zu erleben. Jeder Rückzug einer ihrer Töchter, weil diese sich gerade mal selbst brauchte, jedes selbstfürsorgliche Versorgen autonomer Bedürfnisse, verursachte ihr Beklemmung und sorgte sie so sehr, dass sie still und heimlich befürchtete, die Verbindung könne reißen, sie könne nicht mehr gebraucht werden oder die Nähe zu diesem geliebten Kind verlieren, wenn sie diese Distanz zulassen würde.

Nähe zu verlieren war die zu vermeidende Gefahr, die sich hinter Jennys Angst verbarg, und sie reagierte darauf mit noch mehr Anstrengung, die Verbindung herzustellen und zu erhalten. Jennys Töchter wiesen sie mit dem Wahren ihrer eigenen Grenzen, unbewusst auf Jennys offenkundig kaum zu stillendes emotionales Grundbedürfnis nach Bindung hin, womit Jenny im Umkehrschluss glaubte, permanent der Gefahr ausgesetzt zu sein, diese Bindung zu verlieren. Natürlich war ihr klar, dass sie ihre Tochter nicht verlieren würde und sie selbst hilflos zurückbleiben müsste, wenn diese, ganz altersgemäß, beschloss, ihre Mutter auf einer Armlänge Abstand zu halten. Dieses Wissen half Jenny aber nicht dabei, sich in diesen Momenten nicht getriggert zu fühlen und der Situation angemessen zu reagieren.

Jennys roter Faden reichte von der Auseinandersetzung mit ihrer 17-jährigen Tochter zurück in ihre ersten Lebensjahre, in denen sie die Überzeugung gewonnen hatte, dass sie Nähe erst herstellen musste, um sicher an ihre Bezugspersonen gebunden zu sein und nicht verlassen zu werden. Jedes Rütteln an der dünnen Bindung oder jedes Versorgen ihrer eigenen Autonomie gegenüber diesen Personen ließ sie den Bindungsverlust und damit emotionale Lebensgefahr für sich befürchten. Nichts anderes als eine Sekunde der Lebensgefahr empfinden kleine Kinder, wenn wir uns für ihr Verhalten von ihnen abwenden und sie dieses Abwenden als Ablehnung ihrer Person begreifen. Diese Erfahrung hatte Jenny offenbar wiederkehrend und in dem Maße gemacht, dass sie geeignet war, eine emotionale Blockade hervorzurufen, weil die hirnphysiologische Verarbeitung nicht gelang. Erschwerend kam für Jenny hinzu, dass sie sich diesem Umstand schutzlos ausgeliefert fühlte. Dies war die eigentliche emotionale Wunde, die Jenny heilen wollte und in die Anna unbewusst immer wieder ihren Finger legte, weil diese Wunde ihrer eigenen Entwicklung im Weg stand.

Jenny hatte als Erwachsene reale, anfassbare und auf den ersten Blick irrationale Angst und war noch immer der festen Überzeugung, über keine Mittel gegen diese Bedrohung zu verfügen. Diesem Umstand fühlte sie sich schutzlos ausgeliefert. Erschwerend kam die Gewissheit hinzu, diesen Zustand der überfordernden Gefühle schon einmal nicht ausgehalten zu haben, und das als Erwachsene. Es war ihr schon einmal nicht gelungen, heute von gestern zu trennen, und sie hatte damals die traurige Entscheidung getroffen, dieses Leid nicht mehr zu ertragen und so nicht weiterleben zu wollen. Die Tatsache, dass sie nun einen Beschützer in Gestalt ihrer erwachsenen Tochter benötigte, um nicht von ihren Gefühlen überwältigt zu werden, unterstrich ihr enormes und nicht befriedigtes Bedürfnis nach Schutz und erhielt gleichzeitig diesen Kreislauf, den sie doch so sehr verlassen wollte. An diesem Wochenende nun stellte sich Jenny dieser Klarheit und allen damit verbundenen Gefühlen der Verletzung. Sie begegnete in diesen Tagen ihrer inneren Schutzlosigkeit und holte die hirnphysiologische Verarbeitung in einer mehrstündigen TGEB-Sitzung nach.

TGEB steht für transgenerationale emotionale Blockadenlösung. Hierbei handelt es sich um ein in unserer Praxis entwickeltes, einzigartiges neurophysiologisch und neurobiologisch wirksames Verfahren, das unter Einbeziehung des Körpergedächtnisses ein kortikales Gleichgewicht wiederherstellt und zur Synapsenbildung anregt. Bei TGEB werden Elemente aus dem EMDR (Eye Movement Desensitization and Reprocessing – dazu später mehr) und der Atemtechnik »Breathwork« auf einmalige Weise kombiniert. Der Klient erfährt schnelle und nachhaltige Entlastung in den Situationen, die ihn zuvor oft über Jahrzehnte hinweg getriggert haben. Zumeist berichten Klienten, dass sie zwar das belastende Gefühl der Situation noch erinnern, aber nicht mehr fühlen können. Durch das Lösen dieser emotionalen Blockade veränderte sich auch Jennys Erleben: Sie fand nicht einfach zurück in ihre Kraft, sie spürte sich endlich selbst wieder und die zuvor als belastet erlebten Situationen ergaben sich ganz einfach nicht mehr.

Wir arbeiten deshalb überhaupt und so gerne systemisch mit der ganzen Familie, weil die Transformation dann riesig und sofort in den anderen Familienmitgliedern offenkundig wird. So war es auch bei Jenny und Celine. Celines und Jennys Rollen waren über Jahre hinweg vertauscht gewesen: Celine war die Beschützerin, ihre Mutter die Beschützte. Das änderte sich nun innerhalb von drei Tagen. Im gleichen Maße, in dem Jenny sich ihrer Schutzlosigkeit stellte und zu sich und ihrer inneren Stärke zurückfand, ihr Bedürfnis nach Bindung und Schutz also von ihr selbst gestillt wurde, durfte sich in Celine ihr eigenes und bis dahin völlig unterversorgtes Bedürfnis nach Bindung und Schutz zeigen. Das hatte sie sich bisher neben ihrer Mutter gar nicht leisten können. Denn wer hätte dann in den letzten Jahren auf ihre Mutter aufgepasst und durch den Erhalt ihres physischen Lebens für eine Mindesterfüllung an Schutz und Bindung gesorgt?

Celines Angst, ihre Mutter durch einen Suizid zu verlieren, war so groß, dass sie gar nicht ahnte, welchen Preis sie selbst zahlte. Sie zahlte mit derselben Leere wie ihre Mutter: mit einem Mangel an Schutz, Sicherheit und Bindung. Stets musste sie aufpassen, dass diese Verbindung nicht reißt, weil ihre Mutter sich an sich selbst verlieren könnte. Hinter dieser bewegenden Erkenntnis warteten bereits lang verbotene Gefühle darauf, von Celine gefühlt zu werden, und so zeigte sich an diesem Wochenende bereits ungeheure Wut. Celine war wütend und enttäuscht darüber, dass ihre Mama sie nicht beschützt hatte und sie sich deshalb ebenso schutzlos und ihren eigenen Gefühlen hilflos ausgeliefert fühlte wie ihre Mutter für so viele Jahre. Es gelang ihr, Muster zu erkennen, die sie von ihrer Mutter übernommen und in ihre Beziehungen übertragen hatte. Diese hatten alle nur den Zweck, Bindung herzustellen und zu sichern. Auf diese Weise und bis zu diesem Tag hatte Jenny den transgenerationalen Kreislauf erhalten und stellte sich akzeptierend, wohlwollend und verständnisvoll Celines Gefühlen. Nun, da beiden ihre Verstrickung offenkundig und bewusst war, durften die Wunden zu heilen beginnen. Celine wurde dazu im Nachgang an ihrem Wohnort professionell begleitet.

✓ *To-feel: Spaziergang auf dem roten Faden*

Du ahnst es: Dieses To-feel wird neben der Lösung das wichtigste des ganzen Buches. In diesem Kapitel findest du das Warum für deine Herausforderungen in deinen Beziehungen. Vielleicht hast du schon beim Lesen Klarheit darüber gewonnen, welches Grundbedürfnis in dir seit vielen Jahren so laut nach Erfüllung schreit, dass du heute deswegen schreist. Diese Ahnung kann ein ganz wunderbarer Zugang sein zu deiner heutigen Übung. Das Wichtigste: Nimm dir Raum und lass dir Zeit hierfür.

Ganz gleich, wie weit du auf deiner Reise zu dir selbst schon gekommen bist oder an welcher Stelle du zu uns hinzugestiegen bist: Es gibt einen Punkt, an dem du mit deinem Kind um ein emotionales Grundbedürfnis kämpfst, weil die Bedürfnisse kollidieren. Ich helfe dir für diese Übung mit einem Beispiel. Eine typische Situation in Familien, an der diese völlig normale Kollision sichtbar wird, ist das Zubettbringen: am Abend, wenn alle müde und erschöpft sind, feilschen beide Seiten darum, wie viel Zeit noch mit gemeinsamem Lesen, Kuscheln, einem weiteren Glas Wasser oder einem wirklich nur kurzen Gespräch verbracht wird. Es wird gequengelt, geschimpft, geschrien. In dieser Situation kollidieren das kindliche Bedürfnis nach Nähe und das elterliche Bedürfnis nach Autonomie. Dies in der Situation zu erkennen, entschärft sie bereits. Kompliziert wird es erst dann, wenn keine der Parteien nachgeben möchte und aus der Situation des ursprünglichen Konflikts einer alltäglichen Situation ein Kampf darum wird, wer die größeren Rechte an seinem eigenen Bedürfnis hat. Erst das macht Eltern unnachgiebig, unsicher und engherzig in ihren Reaktionen, denn in diesen Fällen ist zumeist ein ungestilltes emotionales Grundbedürfnis am Werk, das Überzeugungen in dir darüber hervorgebracht hat, wie es um dein Recht an dir selbst steht, und das zumeist mit einer hochemotionalen Autopilotreaktion verbunden ist. Mach es zu deiner Aufgabe, aus diesem Kampf auszusteigen, denn es ist nicht die Aufgabe deines Kindes, das in der Komplexität zu erfassen und seine emotionalen Grundbedürfnisse zu stillen.

Bitte suche heute nach einer solchen Situation, in der du spielend und regelmäßig auf 180 gerätst, denn heute schaust du dir deinen roten Faden an. Den, der dich stolpern lässt und fehlerhaft abgelegte Emotionen in dir auslöst, die dir Gefahr vorgaukeln. Heute schreibst du dir selbst einen Brief; einen Brief an dein jüngeres Ich, dein inneres Kind, an dein Selbst, das du immer warst und nach dem du dich manchmal sehnst. Wenn dir das zu abstrakt ist, schreib dem Erwachsenen, der du heute bist. Hauptsache, du schreibst. Erzähle dir selbst von all den Erlebnissen, Sehnsüchten, Erfordernissen und Wunden, die du mit dir trägst, und schreib davon, was du fühlst, wenn du dich in einer Situation mit deinem Kind befindest, die dich so anders sein lässt, als du es in Wahrheit bist. Mach dich auf die Suche nach dem Mangel in dir, der vor so vielen Jahren in dir entstanden ist. Leite deine Überzeugungen darüber ab, also die Glaubenssätze, die du darüber gewonnen hast, und gib dich beim Schreiben dem Gefühl hin, das du hast, wenn du getriggert wirst. Niemand muss das jemals lesen, also richte deine Zeilen an den verletzten Anteil in dir, an das kleine, ängstliche Mädchen, an den kleinen Jungen in dir, der immer stark sein musste, an die Klugheit deiner verletzten Seele. Ganz gleich, wie du es nennst: Für dich geht es heute nur darum, dich der Existenz dieses Ursprungs zu stellen, für die es keinen Schuldigen braucht. Schreib von deinen Träumen und Sehnsüchten und von all dem, was dir fehlte. Schreib dir selbst und lass dich wissen, was schon so lange darauf wartet, von dir benannt zu werden. Du wirst damit automatisch die Verbindung zwischen gestern und heute herstellen und diesem Teil von dir Raum geben, sich zu zeigen, damit er sich nicht Raum schaffen muss, wenn du es am wenigsten gebrauchen kannst.

Geh auf deinem roten Faden spazieren und fühle dich dabei.

Zwischenbilanz: Die Checkliste

Bevor wir gleich in deine Lösung einsteigen, ist es notwendig, dir die Erkenntnisse der bisherigen Kapitel nochmals bewusst zu machen, indem du sie ganz konkret auf dein Kind überträgst. Es braucht die Wucht der Erkenntnis der ersten Kapitel und was die gewonnene Klarheit konkret mit dir und deiner Familie zu tun hat. Dazu habe ich eine Checkliste mit Fragen zusammengestellt, die dir die verschiedenen Erkenntnisse noch einmal im Einzelnen vor Augen führen.

Am besten schreibst du die Fragen in dein Büchlein und ersetzt dabei »mein Kind« durch den Namen deines Kindes. Hast du mehrere Kinder, schreibe für jedes einzelne Kind eine eigene Checkliste. Beantworte jede Frage ehrlich und wahrhaftig. Wenn du nicht jede davon bejahen kannst, finde unbedingt heraus, welchen Nutzen du davon hast, diesen Aspekt anders zu sehen. Hier verbirgt sich dann mit großer Wahrscheinlichkeit eine innere Überzeugung, die dir den Platz in deiner kuscheligen Komfortzone erhalten möchte.

Ich bin mir aber sicher, dass du an dieser Stelle deutlich mehr Fragen mit »Ja« beantworten kannst, als es dir vor dem Lesen des Buches möglich gewesen wäre. Mit dieser Checkliste holen wir beide uns auch ein wenig deine Bereitschaft zur Hingabe an diesen Prozess ab, denn davon wird am Ende auch dein Ergebnis abhängen.

Du weißt ja, deine Psyche möchte keinen Stress. Sie sehnt sich nach Balance und sicherem Wohlgefühl – gute Gründe für sie, innere Widerstände aufzubringen, die dich davon abhalten sollen, dich in emotionale Disbalance zu bringen. Jedes gründliche Aufräumen zum Beispiel des Kleiderschranks verursacht aber im ersten Schritt nun mal Chaos, weil man zuerst eine Bestandsaufnahme machen und die Kleider sortieren muss. Um dieses Chaos nicht einfach wieder zurück in den Schrank stopfen zu wollen, brauchst du ein lautes »Ja« in dir zu diesem Prozess, mit allem, was sich zeigen mag. Dein Kind wird es dir danken.

Hier also die Checkliste mit Fragen zum bisherigen Erkenntnisprozess:

1. Ist mir klar, dass mein Kind alles, was es in Bezug auf Liebe, Beziehung und die Welt weiß, von mir gelernt hat, und dass alles, was es über sich in der Welt glaubt, seine Ableitung aus dem Gelernten ist?
2. Ist mir klar, dass mein Kind auch dann an mir lernt, wenn ich mir dessen nicht bewusst bin?
3. Ist mir klar, dass mein Kind durch sein Verhalten ausdrückt, was es von mir gelernt hat, was es noch nicht gelernt hat und wo ich noch für es dazulernen muss?
4. Ist mir klar, dass ich noch mehr Unbewusstes in mir aufdecken muss, um mein Kind zu verstehen und die Kausalität zwischen seinem Verhalten und dem Gelernten zu erkennen?
5. Ist mir klar, dass ich allein für meine Gefühle die Verantwortung trage und nicht mein Kind?
6. Ist mir klar, dass mein Kind eine Situation völlig anders wahrnehmen kann als ich und es genauso viel oder wenig damit »recht hat« wie ich?
7. Ist mir klar, dass jedem meiner Gefühle ein Bedürfnis zugrunde liegt, für dessen Erfüllung ich die Verantwortung

trage, nicht mein Kind und nicht mein Partner oder meine Mutter?

8. Ist mir klar, dass mein Kind unverarbeitete Gefühle in mir triggert und es meine Verantwortung ist, die Gefühle aus dem Gestern von der Situation im Heute zu trennen?
9. Ist mir klar, dass es nicht meine Aufgabe ist, jedes Bedürfnis meines Kindes zu befriedigen, sondern dass ich mein Kind so begleiten sollte, dass es selbst herausfinden kann, was es braucht, und ich dazu Nähe zu mir selbst benötige?
10. Ist mir klar, dass ich immer dann getriggert bin, wenn eines meiner ungestillten emotionalen Grundbedürfnisse angesprochen und die darin liegende uralte Gefahr aktiviert wird und dass mein Kind und sein Verhalten nicht die Ursache für diese Emotionen sind?
11. Ist mir klar, dass die Beziehung zu mir selbst und die Bereitschaft, mich mit mir auseinanderzusetzen, darüber entscheidet, wie mein Kind sich entwickeln kann?

Deine 5-Schritte-Lösung

Wenn du als Kind gewusst hättest, dass nicht du falsch bist, sondern deine Eltern noch zu lernen und Arbeit mit sich haben – wie hätte das deine Welt verändert?

Endlich! Endlich haben du und ich auf den letzten Seiten so viel Vorarbeit geleistet, hast du so viele To-feels erarbeitet und darin Bewusstsein geschaffen, dass wir in deine konkrete Lösung einsteigen können. Sie besteht aus einem Fünf-Schritte-Weg, auf dem du dich mit jeder einzelnen deiner konkret auftretenden Herausforderungen auseinandersetzt und sie ursächlich auflöst. Jeder Lösungsschritt enthält ein To-feel-Tool, das du dabei nutzen kannst. Keiner der Schritte und darin enthaltenen Bausteine ist entbehrlich, denn nur in Kombination entfalten sie ihre volle Wirkung. Nur wenn es uns gelingt, alle Ebenen in dir anzusprechen, den Körper, den Geist und die Seele, nur wenn du wiederkehrend erkennst, entscheidest, löst und nährst, gelingt dir die Transformation, die dich in den nächsten Jahren in eine tiefe und vertrauensvolle Nähe und echte Beziehung zu deinem Kind begleitet. Du schaffst damit das Fundament eurer Beziehung. Selbstverständlich stoßen wir mit einem Buch an natürliche Grenzen, weil wir hier nicht in einen echten Dialog treten können, aber es wird viel mehr möglich sein, als du denkst. Das Anwenden braucht sicher ein bisschen Übung, ist aber von Anfang an erfolgversprechender und nachhaltiger im

Ergebnis, als weiterhin mit einem Hammer eine Schraube in der Wand befestigen zu wollen. Auf diese Weise hast du das Ziel, eine authentische, vertrauensvolle Beziehung mit deinem Kind zu führen, bisher nicht erreicht. Es wird also Zeit für einen neuen Werkzeugkasten.

Schritt 1: Bewusstsein

Mit deinem Kind bewusst zu leben ist wie das Fahren in einer Einbahnstraße: Du entscheidest über das Tempo und ob du rechts anhältst, um eine Pause einzulegen. Aber du kannst nicht umkehren. Du kannst nicht einfach vergessen, was du erkannt hast.

Schon um den Begriff »Bewusstsein« anzunehmen, brauchst du bereits ein bestimmtes Maß an Bewusstsein. Unter einem meiner Artikel kommentierte mal jemand, ich müsse aufpassen, dass mich für diesen Begriff nicht »die Inquisition hole«, so wenig Bewusstsein gebe es für die Notwendigkeit von Bewusstsein als Quelle eines erfüllten Lebens. Eine einheitlich geltende Definition gibt es mal wieder nicht, und ob das Bewusstsein sich neurobiologisch jemals in Gänze wird erklären lassen, bleibt umstritten. Lass es uns verstehen als die Fähigkeit, über die Erkenntnis deines eigenen Ichs hinaus Erfahrbares wahrzunehmen und zu erfassen. Lass uns außerdem einen kleinen Exkurs unternehmen und die Möglichkeit betrachten, dass hierfür mehr Optionen vorhanden sind als dein Wachbewusstsein und damit der Zustand, in dem du gerade dieses Buch liest und dein Gehirn auf die Welt um dich herum ausgerichtet ist.

In diesem sogenannten Betazustand, in dem meine Zeilen auf deine Neuronen treffen, schwingen deine Gehirnwellen messbar auf ca. 12–38 Hz und was du erfasst, erschließt sich dir vor allem kognitiv und logisch. Der Wachzustand taugt dazu, sich sicher und orientiert zu fühlen. Viele Menschen halten dies für den einzig zuverlässigen oder sogar den einzig existenten Bewusstseinszustand, denn was sie mit dem Verstand wahrnehmen können, das können sie annehmen. Vielleicht ist dir der Begriff Alphalearning schon mal begegnet? Mithilfe bestimmter Trainings- und Entspannungsmethoden ist es möglich, die Hirnwellen auf eine niedrigere Frequenz zu bringen. Bei ungefähr 8–12 Hz schwingt dein Gehirn im Alphazustand und du fühlst dich ruhig, wohlig und entspannt, ungefähr so wie beim Tagträumen im Urlaub, wenn du absichtslos und entspannt auf einer Liege liegst und darin versinkst, das Meer und den Himmel zu betrachten. Wer Alphawellen gezielt hervorrufen kann, ist körperlich und geistig leistungsfähiger. Man geht davon aus, dass in diesem Zustand Gelerntes direkt und ohne Umweg über das Kurzzeitgedächtnis im Langzeitgedächtnis gespeichert wird, weshalb Lerntrainer gerne mit diesem Werkzeug arbeiten. Daneben gibt es noch den Deltazustand, in dem dein Gehirn sehr niedrig nur bis zu 4 Hz schwingt. Du befindest dich dabei gewöhnlich im Tiefschlaf, regenerierst und erholst dich. Der Thetazustand mit 4–7,5/8 Hz ist das Tor zum Unterbewusstsein. Du erreichst ihn beim Träumen, in tiefer Meditation und in sehr kreativen Zuständen. Hier findest du den Schlüssel zu deiner Intuition und gemeinsam mit Alphawellen werden die Informationen für dich bewusst und abrufbar.

Du siehst, es gibt schon rein physiologisch verschiedene Bewusstseinszustände, und dein Körper greift automatisch auf sie zu.

Auch wenn du es nicht weißt oder es nicht bewusst wahrnimmst, treten sie dennoch regelmäßig ein. Was spricht also dagegen, die Ergebnisse, die diese Frequenzveränderungen deiner Hirnwellenaktivität hervorbringen, gezielt abzurufen? Schon Einstein, Edison, Aristoteles, Dalí und viele andere sollen sich diese Zustände zunutze gemacht haben – warum nicht auch du? Wieso solltest nicht auch du dich auf Knopfdruck wohlig und entspannt fühlen können und kreativ sein, wann immer du dich dazu entscheidest? Wieso solltest nicht auch du auf diese Weise Zugang zu Inspiration, Intuition und Information finden und damit leichter, klarer und zufriedener leben ? Du bist so viel mehr als dein Verstand (oder wer hört dir beim Denken zu?), und das To-feel-Tool am Ende des Kapitels hilft dir dabei. Je mehr Bewusstsein du für dein Bewusstsein entwickelst, desto leichter wird es dir fallen, bewusst zu leben und bewusst zu sein. Es wird dir gelingen, deiner selbst bewusst zu sein. Dir und deiner Geschichte, deinen Handlungen und deiner Sehnsüchte, der Sehnsüchte deines Kindes und vielleicht sogar denen deiner Mutter. Du wirst dir mehr und mehr über deine Grenzen und über deine Möglichkeiten bewusst sein und Antworten in dir finden, die dein Verstand dir im Betazustand, den du bisher vielleicht für den einzigen Zustand gehalten hast, nicht liefern würde.

Von außen nach innen und wieder zurück

Dein Bewusstsein steht in direkter Verbindung zur Beziehung zu deinem Kind, und jedes Thema, das sich dir in Zukunft in eurer Beziehung oder in der Beziehung zu dir selbst zeigen wird, hat hier seinen Ursprung. Bewusstsein sollte immer Punkt eins sein, dich einem Problem zu nähern, wenn du es effektiv und nachhaltig lösen möchtest. Das kann nicht im Außen gelingen, auch wenn wir es dort wahrnehmen. Dein Kind hat dir hundertfach bewiesen, dass du in ihm nicht abstellen kannst, womit du in dir nicht zurechtkommst. Zeit dich zu drehen und dir zuzuwenden, denn auch wenn du ein Problem mit deinem Kind außerhalb von dir selbst wahrnimmst, so ist es dort noch lange nicht entstanden. Es ist zwischen euch entstanden, in eurer Beziehung. Erst nachdem du in dir und in deinen erworbenen Überzeugungen nach dem Entstehungsort gesucht hast, wendest du dich wieder deinem Kind zu, das du dann zu deiner Überraschung bereits verändert erleben dürftest. Wenn du bereit bist, anzuerkennen, die Sprache deines Kindes nur dann verstehen zu können, wenn du zuvor dich verstehst, und die Gefühle deines Kindes nur dann nachfühlen zu können, wenn dir deine eigenen dabei kein Hindernis mehr darstellen, schaffst du bereits dieses transformierende Bewusstsein. Zu erkennen, wie Gegebenheiten, Situationen, deine Gefühle und das Verhalten deines Kindes kausal miteinander verknüpft sind, verändert deine Perspektive, entlässt dich und dein Kind aus der Schuldfalle und verändert damit die Situation selbst. Nachhaltige Veränderung im Außen gelingt dir durch ein verändertes inneres Erleben, und ehe du dich versiehst, entspricht deine Haltung auch deiner Handlung.

Aus der Haltung in die Handlung

Wir erinnern uns: Deine Haltung bestimmt deine Handlungen und die Handlungen deines Kindes sind getragen von seiner Haltung. Möchtest du nachhaltige Veränderung in deinen oder seinen Handlungen, knöpf dir die zugrunde liegenden Haltungen vor. Dazu machst du dir bewusst, aus welchen Überzeugungen sie bestehen und wie sie gewonnen wurden. Sind Haltung und Handlung kongruent, also übereinstimmend, nimmt dein Kind dich nicht nur als berechenbar, zuverlässig und authentisch wahr, es lernt zudem, dir und deinen Entscheidungen zu vertrauen. Hierzu ist es wichtig, dass du nur die Entscheidungen für es triffst, die es noch nicht selbst treffen kann. Mit jeder neuen Erfahrung dieser Kongruenz wächst zudem sein Vertrauen in sich selbst, weil es lernt, seiner Wahrnehmung zu vertrauen. Du bringst es dann nicht in die Situation, mit Doppelbotschaften oder deiner Unsicherheit zu jonglieren und sich entscheiden zu müssen, dem Gehörten oder dem Empfundenen zu vertrauen, also dir oder sich selbst. Auf diese Weise wird sein Vertrauen in sich selbst zu seiner unerschöpflichen Quelle. Dies ist genau der Schutz, den es benötigt, um sich im Vertrauen auf sich selbst der Welt zuwenden zu können.

Die Verbindung von gestern und heute

Du kommst nicht umhin, die Verbindung aus den in der Vergangenheit gemachten Gefühlen in Kontext zu den Situationen zu bringen, die du heute mit deinem Kind erlebst. Du kommst nicht umhin, diese Tatsache wieder und wieder anzuerkennen, auch wenn du sie am liebsten im Erdinneren verbuddeln und ihre Existenz vergessen würdest. Du kommst nicht umhin, dich immer wieder zu fragen, was dein Kind da gerade von dir lernt, weil du nicht erkannt hast, dass du aus all dem, was du gelernt hast, eine Schlussfolgerung gezogen hast, die dich unbewusst auf eine bestimmte Art handeln lässt, und diese Handlung in deinem Kind abermals eigene Schlussfolgerungen konstruiert, nach denen es handelt. Wieder und wieder und wieder wirst du dich fragen müssen, was das Geschehen gerade mit dir zu tun hat, wirst du deine Wahrnehmungsbrille putzen müssen und herausfinden wollen, welchen deiner blinden Flecke es da gerade an dir freiradiert.

✓ To-feel-Tool: Zwei Wege zum Bewusstsein

Dieses To-feel-Tool ist zweiteilig. Zum einen lernst du, die Bewusstseinszustände neben dem Betazustand zu erreichen und damit Zugang zu dir und deinen Gefühlen hinter den Gefühlen zu erfahren – noch ganz ohne an dein spezifisches Problem zu denken. Zum anderen nimmst du bewusst dein Problem in den Blick und erarbeitest dir das Problem hinter dem Problem.

Zugang zu deinen Gefühlen durch mehr Bewusstsein

Du hast bereits eine Menge Bewusstsein für all das entwickelt, was um dich herum vor sich geht. Dafür, was dein Kind tut, für seine Bedürfnisse und dafür, was es braucht. Und dennoch reicht das nicht, wie du schon allzu oft festgestellt hast. Du brauchst nun wieder Zugang zu dir und deinen Gefühlen. Mir sind in meiner Praxis unzählige Klienten begegnet, die mir auf die Frage »Wie geht es dir mit diesem oder jenem Umstand?« lang und breit erklären, wie es zu dem Umstand kam, was an ihm gut ist und was nicht, woher er kommt und was sie über ihn denken. Wie sie sich aber mit ihm fühlen, können sie mir hingegen kaum beantworten. Wir sprachen zu Beginn des Buches bereits darüber, wie es zu diesem Verlust des Zugangs zu dir selbst kam, und jetzt lernen wir Techniken, die dir auf der Einbahnstraße in dein bewusstes Leben dabei helfen werden, diesen Zugang wiederzuerlangen. Grundsätzlich gibt es tausend Wege, dich dir selbst zu nähern, und jeder beginnt mit dem Bewusstsein für dich und deine Empfindungen und damit in deinem Körper. Schmerzhafte Erlebnisse bleiben deinem Körper als Teil des Körpergedächtnisses, dem impliziten Gedächtnis, in Erinnerung. Ich mag effiziente Wege und habe deshalb Übungen für dich gewählt, die dich behutsam und nachhaltig wieder in Kontakt mit deinen (Körper-)Empfindungen bringen. Idealerweise führst du alle drei über einen von dir gewählten Zeitraum hinweg aus. Verstehe diese Tools nicht als einzigen Weg, sondern als bewährtes Konzept, das du für dich übernehmen kannst, weil es nachhaltig funktioniert.

5-4-3-2-1-Übung

Gefühle nehmen wir im Körper wahr. Hast du Angst, schnürt sich deine Kehle zu. Bist du glücklich und könntest die ganze Welt umarmen, fühlst du dich größer; deine Lungen sind frei und können gut und tief atmen. Dass wir einen Körper haben, um Gefühle wahrzunehmen, ist eine simple Tatsache und häufig doch so schwierig, unbekannt und unterschätzt, dass Menschen Gefühle lieber denken, als sie zu fühlen. Lass die folgende Übung bitte für einen bestimmten Zeitraum zu deinem täglichen Begleiter werden: 14 Tage oder einen Monat oder, wenn du sehr diszipliniert bist, drei Monate. Leg den Zeitraum unbedingt fest, egal, wie lang oder kurz er ist, denn es braucht einen klaren Anfang und ein Enddatum, damit das Wertvolle darin erhalten bleibt und du es nicht einfach unbewusst auslaufen lässt. Entscheide dich nach Ablauf dieses Zeitraums lieber nochmals neu und bewusst für einen weiteren Zeitraum oder dagegen. Sichere dir den Zugang in dein Bewusstsein gleich jetzt mithilfe von Bewusstsein und entscheide, wann du die Übung startest und wann du sie beendest. Führe die 5-4-3-2-1-Übung für diesen Zeitraum mindestens ein Mal, besser drei Mal täglich aus.

Richte dazu deinen Fokus auf deine Umgebung und finde fünf Dinge um dich herum, die du siehst, und benenne sie. Du brauchst sie nicht beschreiben, es reicht, sie zu formulieren, zum Beispiel: »Ich sehe einen älteren Mann mit blauer Jacke, der sich gerade unterhält.« Tu das still oder sprich es aus, das ist ganz gleich. Richte danach deine Wahrnehmung auf fünf Geräusche, die du hörst und die du dir ebenfalls benennst. Im Anschluss benennst du fünf Empfindungen deines Körpers, zum Beispiel: »Ich spüre einen Druck in meinem Nacken.« Im nächsten Durchgang wiederholst du das mit jeweils vier visuellen, auditiven und kinästhetischen Wahrnehmungen, dann drei usw. Nachdem du bei einer angekommen bist, stoppst du und machst einen kurzen Körperscan: Frage dich, wie du dich in diesem Moment fühlst und wo im Körper du das fühlst. Beende die Übung, indem du dich kurz und absichtslos fragst, wie du deine unmittelbare Umgebung um dich herum nun gerade wahrnimmst und empfindest. Insgesamt dauert diese Übung nicht mal fünf Minuten. Die nimmst du dir einfach, denn sie wirkt weit über diese fünf Minuten hinaus. Wieder zu erlernen, dich selbst in dir wahrzunehmen, wirkt bis an dein Lebensende.

Akutwahrnehmung

Wann immer du im von dir festgelegten Übungszeitraum ein Gefühl wahrnimmst, ob angenehm oder nicht, gönn dir eine Akutwahrnehmung und sage bewusst zu dir: »Ich fühle gerade …« Wichtig und die eigentliche Herausforderung dieser Übung ist es, dein aufkommendes Gefühl nicht zu bewerten, sondern es »nur« wahrzunehmen. Kein »Ich fühle mich traurig – wann hört das endlich auf?«, kein »Ich habe Druck im Kopf – wieso das nun wieder?« und kein »Ich habe Angst – aber ich will sie nicht«. Nur wahrnehmen, nicht bewerten – du wirst erschüttert darüber sein, wie schwierig es sein kann, sich die eigenen Gefühle zu erlauben. Höchste Zeit genau dafür. Wie sonst soll dein Kind lernen, mit seinen Gefühlen adäquat umzugehen? Sollte dir diese Übung schwerfallen, ist sie genau richtig für dich, denn dann haben deine Gefühle zu wenig Raum in deinem Alltag. Setze dir dann einfach Marker für den Tag und führe die Akutübung immer an der Kaffeemaschine aus oder immer unter der Dusche oder immer, wenn du die Hunderunde machst.

Aktivierung von Alphawellen

Hierzu gibt es mehrere Methoden. Mein Tool für dich geht zurück auf José Silva. Hierfür zählst du zunächst für die Dauer von zehn Tagen jeden Morgen unmittelbar nach dem Aufwachen von 100 rückwärts bis null. Es ist wirklich wichtig, dass du unmittelbar nach dem Wachwerden zu zählen beginnst und nicht erst nach einigen Minuten, denn dein Gehirn befindet sich genau dann noch im Alphazustand. Wenn deine Kinder dich gewöhnlich wecken, lohnt sich ein Wecker vor ihrer eigentlichen Aufstehzeit. Schlaf ist kostbar, ich weiß. Sich auf Knopfdruck entspannen zu können, könnte jedoch noch viel kostbarer sein.

Beim Zählen wählst du einen sogenannten Anker. Hierzu kannst du Zeigefinger und Daumen der linken Hand verbinden oder du legst die rechte auf die linke Hand, das ist ganz beliebig. Wichtig ist nur, dass du stets denselben Anker wählst, um das in ihn hineintrainierte Empfinden am Ende auch wieder abruf- und für dich nutzbar zu machen.

Nach den ersten zehn Tagen zählst du weitere zehn Tage lang von 90 auf null, dann zehn Tage lang von 80 auf null usw. Wenn du nach 90 Tagen also von 10 auf null gezählt hast, hast du dir antrainiert, deinen Alphazustand auf Knopfdruck – per Anker und mit dem Rückwärtszählen von 10 auf null – abrufen zu können. Es wird dir zu jedem Zeitpunkt des Tages gelingen, dich binnen zehn Sekunden so wohlig entspannt und gleichzeitig kreativ und aufnahmefähig zu fühlen wie kurz nach dem Wachwerden. Stell dir nur vor, was in der nächsten Situation, in der du dich heute noch getriggert fühlst, geschieht, wenn du einfach von Zehn rückwärts zählst und beispielsweise deine Hände übereinander legst?

Zugang zu deinem Problem durch mehr Bewusstsein

Mach dir an dieser Stelle nochmals kurz bewusst, dass das, was du gerade an deinem Problem wahrnimmst, nur ein Teil des Ganzen ist und dein Problem mehr Facetten und Tiefen hat, als du sie gerade aus deiner Perspektive wahrnehmen kannst. Dein Ziel muss es also sein, mehr und tiefer zu begreifen, weil das die Wahrscheinlichkeit, den Knoten zu lösen, enorm erhöht. Für dein Kind verändert sich sein Erleben bereits dann, wenn du deine Wahrnehmung für ein Problem veränderst. Wenn du heute erkennst, welchen guten Grund es in seiner Welt für eine Handlung hatte, für die du es gestern kritisiert hast, wirst du es augenblicklich entlasten, weil du automatisch anders reagierst. Deine Haltung zum Problem hat sich augenblicklich verändert, und damit wird sich dein Kind sofort wohler, akzeptierter, stärker und verbundener fühlen, und das nur, weil du bereit warst, dein Problem in der Tiefe zu erkennen und die Perspektive zu wechseln.

Schnapp dir nun dein Problem, um zu sehen, wie du es in einen Nutzen verwandeln kannst. Das Problem, das dich nicht schlafen lässt und das dir ein ums andere Mal den Tag verderben kann. Stell dich ihm und der Verbindung ins Gestern und beantworte dir folgende Fragen schriftlich. Ich zeige dabei an einem konkreten Beispiel, wie deine Überlegungen aussehen können.

1. **Was ist mein konkretes Problem mit meinem Kind?**
   → Dein Kind will keine Hausaufgaben machen.
2. **Was ist das Problem am Problem? Welches tatsächliche Problem verbirgt sich also hinter dem scheinbaren?**
   → Das Problem ist nicht, dass dein Kind keine Hausaufgaben machen will. Das Problem dahinter sind die Konsequenzen, die du fürchtest. Es lernt dann vielleicht nicht, Dinge zu tun, die notwendig sind, oder es könnte schulisch nicht mehr mitkommen.

3. **Wie fühle ich mich dabei?**
   → Die Sorge, die du in Frage 2 als eigentliches Problem identifiziert hast, verursacht ein Gefühl. Was also ist das Gefühl hinter dem eigentlichen Problem? Hast du Angst, dein Kind könnte seine Freunde verlieren? Bist du wütend, weil du es nicht erreichen kannst, damit du deine sorgenden Gedanken nicht denken und deine Angst nicht spüren musst? Hast du Angst, es würde ausgegrenzt? Fürchtest du, für immer für dein Kind in der Verantwortung sein zu müssen, weil es nicht selbstständig werden wird?
4. **Woher kenne ich dieses Gefühl?**
   → Wenn du Angst hast, dein Kind könne ausgegrenzt werden – woher kennst du die Ablehnung und das Gefühl, nicht dazuzugehören? Wenn du fürchtest, es würde niemals Verantwortung lernen – woher kennst du die drückende Last, für andere Verantwortung übernehmen zu müssen? Wenn es dich wütend und hilflos macht, dass es einfach tut, was es will, und sich nicht um deine Sorge schert, woher kennst du das Gefühl, dein Gegenüber nicht zu erreichen, nicht gehört oder gesehen zu sein in deinen Wünschen?
5. **Vor welchem Gefühl möchtest du dich beschützen und vor welchem Gefühl möchtest du dein Kind beschützen?**
   → Wenn du erkennst, dass dein eigentliches Problem nicht darin besteht, dass dein Kind keine Hausaufgaben machen möchte, sondern dich in Wahrheit belastet, dass du dich nicht gehört und dich nicht wichtig oder schutzlos fühlst, kannst du dir sicher besser vorstellen, wie belastend der tägliche Kampf um die Hausaufgaben für dein Kind sich tief in seinem Inneren an-

fühlen muss. Seine Einstellung zu den Hausaufgaben hat dann die Macht, darüber zu entscheiden, ob du dich wertvoll oder schutzlos fühlst. Diese Macht über deine Emotionen möchte es gar nicht haben.
Wenn dein Problem also gar nicht die Unlust auf Hausaufgaben ist, sondern deine Furcht oder die Erinnerung an die Befürchtung, nicht wertvoll und wichtig oder gar schutzlos zu sein, und dieser innere Mangel in der Hausaufgabensituation offenkundig wird, wünsche ich dir ein Kind, das sich gegen diese Last wehrt. Ich hoffe, dein Kind verweigert sich in dem Maße, in dem du sein Entgegenkommen forderst, und ich hoffe, du erkennst, dass es in seiner Welt gute Gründe dafür hat. Ich hoffe außerdem, dass du das Geschenk darin erkennen kannst, denn nun kannst du selbst dafür sorgen, dich wertvoll, wichtig oder sicher zu fühlen. Dazu ist es nun nicht mehr nötig, dass dein Kind seine Hausaufgaben erledigt. Dafür sollte es bessere Gründe haben. Diese Erkenntnis bedeutet nicht, dass dein Kind nun auf der Stelle Lust auf Hausaufgaben haben wird, aber es bedeutet, dass du den Rahmen geschaffen hast, in dem es erstmals Lust darauf entwickeln kann.

6. **Formuliere ein kurzes Fazit aus den Fragen 1 bis 6.**

→ Das Fazit könnte in diesem Beispiel lauten: »Ich habe erkannt, dass mein Problem mit den Hausaufgaben meines Kindes nicht die Hausaufgaben sind, sondern meine Ängste, die ich aus meiner Kindheit mitgenommen habe.« Hier spinnst du bereits einen roten Faden zwischen gestern und heute. Du wirst ihn noch brauchen.

7. **Wie geht es dir mit dieser Erkenntnis? Wie fühlst du dich dabei und wo im Körper spürst du das?**
   → Hier verbinden sich die beiden Ansätze. Gerade hast du ein ordentliches Stück Weg zurückgelegt. Du setzt deine heutigen Gefühle in Kontext zum gestrigen gefährlichen Erleben, um morgen eine neue Erfahrung zu machen. So funktioniert bewusste Begleitung deines Kindes.

Schritt 2: Entscheidung

Alles, was du nicht änderst, erhältst du.

Eine Entscheidung ist der Prozess, der im Ergebnis dazu führt, dass eine Festlegung auf eine Option erfolgt. Von der gewählten Option nehmen wir an, dass sie eher das gewünschte Ziel zu erreichen vermag als die andere Option. Kurz gesagt: du wählst. Pizza oder Pasta. Wählst du nicht, erhältst du den Zustand, der ist. Du hast Hunger.

Ich kann nicht genug betonen, wie wichtig dieser zweite Schritt in deiner Entwicklung zu einem bewussten Elternteil und für eine vertrauensvolle und echt nahe Beziehung zu deinem Kind ist. Du kannst eine Entscheidung für diesen Weg erst treffen, wenn du über ein bestimmtes Maß an Bewusstsein verfügst, und es reicht oft nicht, zu behaupten, diesen Weg zu wollen und sich entschieden zu haben, ihn begehen zu wollen. Die Entscheidung muss tiefer gehen, sie braucht ein wiederholtes, tiefes und überzeugtes Ja zu allem, was dir auf diesem Weg begegnen wird. Du musst dich sogar dann wieder für deine Entscheidung entscheiden, während du den Weg bereits gehst. Bevor wir mit Klienten zusammenarbeiten, prüfen wir diese Bereitschaft auf Herz und Nieren, und auch du kommst an dieser Stelle nicht umhin, dich und deine Motive zu prüfen. Wenn du also bereits auf deiner Einbahnstraße unterwegs bist, so gehe auch bitte weiter. Gönne dir so viele Pausen, wie du sie brauchst, aber schlag nicht deine Zelte am Straßenrand auf, verweigere die Weiterreise und setze Efeu an, sondern entscheide dich immer wieder aufs Neue, weiterzugehen. Sonst kommt es zum Stillstand.

Mit dem Durchlesen und Durchfühlen dieses Buches kommst du auf dieser Einbahnstraße in großen Schritten voran. Du hast dich entschieden, den Kreislauf aus Hilflosigkeit, Vermeidung, Unwissenheit und Schuldverschiebung von Generation zu Generation zu durchbrechen, weil du bereit bist, den Fehler für eure gemeinsamen Schwierigkeiten nicht deinem Kind zuzuschreiben. Dabei ist das auch heute noch sehr populär, und das Festhalten an althergebrachten Sichtweisen auf das Kind als Symptomträger wird durch fragwürdige »Experten« und deren Titulierungen wie »Kinder sind Tyrannen« unterstützt. Da eine ganzheitliche und systemische Sichtweise auf unsere Kinder gerade erst in Familien Einzug hält, braucht es Eltern wie dich, besonders sensibel, besonders mutig und besonders bereit, sich den Ursachen für jede Art der Auffälligkeit zu stellen. Damit befreist du dein Kind aus seiner unterlegenen Position, verabschiedest dich aus dem Machtgefälle, das nur mit Gehorsam oder Manipulation zu überbrücken ist, und schaffst die Grundlage zu einer gleichwürdigen Beziehung, die sogleich Grundlage für alle weiteren Beziehungen seines Lebens sein wird. Hierfür finde ich einfach keine gelungene Übersetzung, die mein Herz so sehr berührt wie die englische Bezeichnung: »Cycle Breaker«. Du als Cycle Breaker durchbrichst diesen transgenerationalen Kreislauf und entscheidest dich stattdessen, deine eigenen und bisher weitestgehend unbewussten Muster nicht weiterzureichen. Für dein Kind und seine Kinder. Und hoffentlich auch für dich. Ich wünsche dir, dass du dich für ein Leben in Freiheit und Verbundenheit mit deinen Lieblingsmenschen entscheidest. Aufgebrochen bist du bereits. Lass uns nun dafür sorgen, dass du auch dort ankommst, wo du mit deiner Beziehung zu deinem Kind hinmöchtest.

Voraussetzungen

Nein, du musst dich nicht erst für diesen Weg qualifizieren, aber aus der Erfahrung vieler Gespräche kann ich dir versichern, dass du früher oder später an den Punkt gelangen wirst, an dem du dich fragst, ob deine Route die richtige für dich ist. Du zweifelst. Manche zweifeln so sehr, dass ihnen die Startenergie fehlt, um sich auf den Weg zu machen, andere werden auf dem Weg von Zweifeln überfallen, und wieder andere entwickeln ein regelrechtes »Stop-and-go« aus Starten und Bremsen, aus Wollen und Zweifeln, aus Angst und Liebe. Du stellst deinen Weg infrage, deine Entscheidung, vielleicht sogar das Ziel, und es braucht alles an Bewusstsein in dir, um eine kurze Pause einzulegen, dich neu zu entscheiden und weiterzugehen. Schaff an dieser Stelle bitte beste Voraussetzungen, um dir die Reise so angenehm wie möglich zu machen. Sei auf Zweifel und Rückschläge gefasst, sichere dir Unterstützung, bleib im Dialog mit deinem Partner und suche nach Gleichgesinnten. Es gibt immer mehr Eltern, die neue Wege gehen möchten und dabei genauso auf Unterstützung angewiesen sind wie du.

Bereitschaft zu Verantwortung und Freiheit

Du musst bereit sein, die Verantwortungsverschiebung zu stoppen, und das beinhaltet, dass du fortan niemand mehr dafür verantwortlich machst, wie du dich fühlst, und umgekehrt. Je mehr du leugnest, dass dir das passieren könnte, desto genauer solltest du diesen Punkt prüfen. Mir ist noch niemand begegnet, der nicht darauf konditioniert wurde, die Verantwortung für die Empfindungen des anderen zu übernehmen. Verwechsle diesen Punkt nicht mit Fürsorge und Zuwendung, das wäre eine Falle, denn entscheidend dafür, ob du für die Gefühle des anderen in die Verantwortung gehst, ist die deiner Handlung zugrunde liegende Motivation. Frag dich also, bei wem am Ende das Resultat deines Bemühens landen soll: Wünschst du dir, dass die Liebe, die du dem anderen schenkst, wieder an dich zurückgegeben wird? Vermeidest du mit deiner Fürsorge, deine Ängste spüren zu müssen? Sorgst du mit deinem Bemühen für den anderen dafür, dass du dich nah und verbunden fühlst? Stellst du also über den anderen sicher, dass deine Bedürfnisse gestillt werden und dein innerer Mangel versorgt wird?

Das Problematische daran ist nicht nur, dass du damit eigentlich die Grenzen deines Gegenübers übergehst oder dass dein kleines Gegenüber diesen Umgang mit Verantwortung für die eigenen Gefühle für sein Leben lernt. Das Problem besteht darin, dass du dich damit von der Reaktion des anderen abhängig machst. Der andere entscheidet dann darüber, wie du dich fühlst. Du erhältst damit die unbewusste Überzeugung am Leben, dass der andere dich zu versorgen hat, weil die Versorgung deiner Bedürfnisse nur über den anderen oder über deine Versorgung des anderen zu funktionieren scheint. Das ist weit verbreitet, grundlegend falsch und du erhältst damit deine Unfreiheit. Freiheit und Verantwortung wohnen aber immer auf derselben Straßenseite: Nur wer bereit ist, für sich selbst zu sorgen, ist frei, und nur wer frei ist, kann aus Liebe schenken und darin echte Nähe erfahren. Hol dir die Verantwortung zurück und entlasse die Menschen um dich herum aus der Verantwortung, insbesondere dein Kind. Es möchte diese Funktion nicht haben, es möchte nicht für deine Gefühle zuständig sein, es möchte keine Schuldgefühle entwickeln, weil es dich niemals zufriedenstellen kann. Diese Bereitschaft ist die grundlegende Voraussetzung für deinen weiteren Weg.

Ambivalenz ist ein Killer

Nehmen wir an, du bist mit Haut und Haaren bereit, die Verantwortungsverschieberei zu beenden. Nehmen wir auch an, dieser Punkt fällt dir sogar besonders leicht, weil du darunter gelitten hast, immer dafür zuständig zu sein, dass alle glücklich und zufrieden sind. Nehmen wir weiter an, du begibst dich auf diesen Weg, die Startenergie hat dich das erste Stück des Weges mit Leichtigkeit getragen und du bist dankbar, endlich auf deiner Route zu sein. Und dann gerätst du ins Stocken. Zu viele Gespräche mit Menschen, die noch an dem Punkt stehen, den du hinter dir gelassen hast, zu viele Gedanken, die sich in deinem Kopf verselbstständigen, zu stark das unsichtbare Gummiband der Spiegelneuronen und Introjekte, das dich immer wieder zurückziehen möchte, zurück in deine sichere Komfortzone. Der Mensch ist einerseits darauf angewiesen, sich fortzuentwickeln, denn so funktioniert Evolution, und andererseits gefährdet jedes Verlassen seiner Höhle sein Überleben.

Oft ist es nötig, dass der Leidensdruck groß genug ist, um wirklich eine Veränderung herbeiführen zu können. Der Mensch wächst entweder aufgrund von Schmerz oder aufgrund von Bewusstsein – doch je mehr du Bewusstsein gegen Schmerz tauschst, desto leichter wird dein Weg mit der Zeit werden. Bitte frag dich ehrlich, ob der Punkt, an dem du gerade stehst und an dem deine Veränderung notwendig wird, ausreichend schmerzt, um auch den potenziellen Wachstumsschmerz zu ertragen, den die Veränderung mit sich bringen wird. Oder anders gefragt: Ist das Leid deines Kindes, das es nur durch sein Verhalten ausdrücken kann, ausreichend, um dich deiner Ambivalenz zu stellen?

Wenn du dieses Buch jetzt nicht in die Ecke wirfst, sondern nur einmal tief Luft holst, weil ich dir beinahe zu nahe getreten bin, ist deine Antwort eindeutig. Dann wird dich von deinem Weg in das Familienleben, das du dir wünschst, nichts abhalten können und du brauchst nur das Verständnis dafür, dass es okay ist, mal alles infrage zu stellen, unsicher zu sein und sich mal nicht festlegen zu wollen, weil jede Entscheidung für etwas immer auch eine Entscheidung gegen etwas anderes ist. Aber auch wenn du nicht wählst oder versuchst, beides zu tun, hast du eine Entscheidung getroffen. Dadurch erhältst du nur, was ist, während du glaubst, etwas anderes zu wollen. Du sorgst für Stillstand, während du das Gegenteil zu wollen behauptest und damit ist auch Ambivalenz eine Entscheidung. Frag dich bitte einfach, ob du das Resultat deiner ambivalenten Entscheidung, also den Erhalt des jetzigen Zustandes, tatsächlich möchtest. Lautet die Antwort nein, so wirst du eine neue Entscheidung treffen müssen und dein Warum und Wofür, dein Ja für den Weg muss lauter, stärker und abrufbarer sein als die Angst, die sich hinter deiner Ambivalenz versteckt. Wir schauen sie uns gleich noch genauer an.

Bereitschaft zu Fehlbarkeit, Verletzlichkeit und Authentizität

Habe keine Angst davor, Fehler zu machen, sei verletzlich und zeige dich authentisch in beidem. Wenn du deine alte, aber sichere, weil bekannte Route verlässt, muss sich Unsicherheit in dir breit machen, schließlich kennst du den neuen Weg noch nicht. Du folgst zwar deinem inneren Ruf, aber das Terrain ist dir unbekannt. Gehe davon aus, dass du Fehler begehen wirst, und nimm sie positiv an, denn aus ihnen lernst du das meiste. Ja, unsere Konditionierung und die vorherrschende Fehlerunterdrückungskultur erleichtern das nicht unbedingt, aber es lohnt sich. Bisher hast du dein Kind vor deinen Gefühlen beschützt, weil du wolltest, dass es sich bei dir sicher fühlen kann. Davon hat es aber vor allem gelernt, Gefühle als so gefährlich anzusehen, dass man sich besser vor ihnen beschützen sollte. Also fühlte es sich damit gar nicht so sicher, wie du es beabsichtigt hast. Nun gehst du den anderen Weg und zeigst dich verletzlich. Du bist ein Mensch mit Gefühlen und Bedürfnissen und manchmal planlos, also zeig es auch. Diese Tatsache wird dein Kind nicht nur sehr erleichtern und es lernt nicht nur, dass Gefühle aushaltbar sind, es wird auch niemals den Drang haben, Superwoman oder Superman werden zu wollen. Es darf sich Fehler erlauben und wird sich dann auch ohne Superkräfte gut genug finden können. Das schafft völlig neue und authentische Nähe zwischen euch beiden, denn ihr seid euch selbst und einander genug. Wie soll Nähe auch echt sein, wenn du dich nie genug fühlst und dich nicht zeigst? Unser Weg wird dir ausreichend Gelegenheiten geben, all das zu üben. Bist du bereit?

Altbekannte Zweifel

Ich weiß ja nicht, wie es dir geht, aber wenn ich mich für ein Gericht im Restaurant entschieden habe, meldet sich manchmal umgehend der Zweifel: Vielleicht wäre der Salat doch besser gewesen als die Suppe? Vielleicht hat deine Mutter doch recht, wenn sie meint, dass deinem Kind Konsequenz fehlt? Vielleicht solltest du auf die Lehrerin hören, wenn sie Diagnostik anrät? Oder auf die nagende Stimme in dir, die wirklich mal auf den Tisch hauen will? Ich weiß es nicht. Nur du weißt es. Ich weiß nur, es gibt keine Veränderung ohne Zweifel, und es ist deine Aufgabe, sie dir genauer anzuschauen. Nur dann kannst du sicher sein, dass du keiner Maskerade auf den Leim gegangen bist, sondern echte und ernsthafte Zweifel, vielleicht sogar deine Intuition sich bei dir melden.

Allen Zweifeln der unechten Art ist gemeinsam, dass sie keine wahren Zweifel sind, die sicherstellen wollen, dass du deine ureigene Route nicht verlässt. Unechte Zweifel sind getarnt. Was auch immer sie in Wahrheit sind, sie kommen einfach nicht von vorne, demaskiert und in aller Klarheit auf dich zu und stellen sich dir vor: als versteckte Angst oder als fehlendes Vertrauen in dich selbst zum Beispiel, als Widerstand gegen die Veränderung eben. Nein, sie behaupten, ein Zweifel an deiner Entscheidung und der Sache selbst zu sein, und du lässt sie herein. Sie geben damit zu gern vor, etwas anderes zu sein als das, was sie sind, denn einmal drin in deinem Kopf, macht sie das vor dir mächtig. Erst dann können sie sich so sehr in deinem Geist aufspielen und ihr wahres Gesicht zeigen, dass es ihnen spielend leichtfällt, die Macht über deine Handlungen zu übernehmen. Echte Zweifel hingegen dürfen sein. Sie sind hilfreich, machen dich wachsam und sorgen dafür, dass du nicht von deiner Route abkommst. Hör ihnen zu, gleiche sie mit deiner Intuition ab und dann wisch sie gegebenenfalls vom Tisch. Begegne deinen Zweifeln also mit demselben Bewusstsein wie deinem Problem, denn sie sind ein Teil der Lösung.

Wir wünschen uns in der Bereitschaft zur Veränderung gern einen linearen Weg: Entscheidung treffen, handeln, Ergebnis einfahren. Das wäre wirklich toll und wünschenswert. Tatsächlich sieht so ein Weg der Transformation ein wenig anders aus, nicht ganz so geradlinig und vorhersehbar, und es ist gut für dich, zu einem frühen Zeitpunkt zu erkennen, dass du nicht auf dem Holzweg bist, wenn es mal ruckelt, sondern, dass du dich nur neu hinterfragen und entscheiden musst. Veränderung sieht also mehr so aus: Entscheidung, Handlung, Zweifel, Zweifel demaskieren, neu entscheiden, neu handeln, wieder zweifeln, wieder demaskieren, wieder neu entscheiden, wieder handeln usw. Je häufiger du das auf diese Weise praktizierst, desto näher kommst du dir und deinem Zugang zu dir und desto weniger Zweifel wirst du entdecken, weil du den Platz in dir immer besser einnimmst. Feintuning sozusagen, während du jetzt gerade noch nach den GPS-Koordinaten suchst.

Innere und äußere Widerstände

Ein guter Coach ist gewappnet, wenn deine inneren Widerstände sich zeigen, denn er weiß, dass ohne sie keine Transformation möglich ist, sondern maximal ein bisschen verändernde Bewusstseinsarbeit dabei herausspringt. Es ist also besser, wenn du im Rahmen deiner Entscheidung für dieses ganz besondere Leben mit deinem Kind ebenfalls darauf gefasst bist, dass sich auf diesem Weg Widerstände zeigen werden, vor allem in Form eines Zweifels. Zweifel haben es leicht, in dein System einzudringen, und so sind sie am besten geeignet, die schöne begonnene Veränderung sofort wieder zunichtezumachen. Jede Form der Veränderung verursacht schließlich zunächst einmal eine Disbalance und wird von dem Teil in dir, der sich nach Schutz und Sicherheit sehnt, abgelehnt und sabotiert. Dabei handelt es sich lediglich um eine deiner zu würdigenden Überlebensstrategien, zu erhalten, was ist. Wenn du also mal alles hinwerfen und zum Altbekannten zurückkehren möchtest, ist dies ein ausgesprochen gutes Zeichen, denn dann bist du bereits mitten im Prozess. Du musst dann nur noch erkennen, was da gerade passiert und welcher innere Widerstand die größte Macht über dich hat. Erst dann kannst du ihm begegnen.

Sehnsucht nach Schutz und Sicherheit:

Wer möchte schon Druck, Angst und Schuld spüren, wenn er doch gerade entschieden hat, sich genau davon zu lösen? Wie also kann es möglich sein, dass ein Teil von dir nun genau die Überzeugungen erhalten möchte, die du ursprünglich loswerden wolltest? Das ist so ähnlich wie wenn man einem hartnäckigen Fleck am Boden zu Leibe rückt. Du schrubbst und scheuerst mit Handschuhen und Putzmitteln und heißem Wasser, und wenn das Putzmittel seine Wirkung entfaltet, löst sich der Dreck vom Boden und beginnt sich zu verteilen. Die schmutzige Fläche auf dem Boden wird zunächst größer, deine Handschuhe nehmen den Schmutz ebenfalls an und für eine kurze Weile ist alles schmutziger und stärker in der Gegend verteilt als zuvor. Würdest du deshalb deine Entscheidung, diese Ecke zu reinigen, aufgeben? Ich glaube nicht.

Auf genau diese Art gehst du am besten mit deinen inneren Widerständen um. All der Angst, Schuld und Verunsicherung, die aus allen Ritzen zu kommen scheinen, weil du dich dir widmest, erlaubst du ganz einfach, sich zu zeigen. Dann kannst du sicher sein, dass du dabei bist, dich von ihnen zu lösen. Während du schrubbst und für Glanz in deinem Inneren sorgst, gestattest du dir all das zu entdecken, was du so lange nicht sehen wolltest. Du darfst nur nicht damit aufhören, zu schrubben und das Wasser zu wechseln, solange es notwendig ist – nämlich so lange, wie du Schmutz findest, von dem du dich trennen möchtest. Ich möchte damit nicht ausdrücken, dass deine Gefühle oder Teile davon schmutzig sind, sondern dass alles, was sich im Laufe deines ganz individuellen Wachstumsprozesses an scheinbar Unerwünschtem zeigen wird, eine Berechtigung hat. So unerwünscht ist es also gar nicht, und du alleine entscheidest darüber, was du damit anstellst.

Akzeptanz ist nicht Resignation

In der Lücke zwischen dem, was ist, und dem, was du dir wünschst, entsteht deine Unzufriedenheit. Wenn du das akzeptieren kannst, was ist, baust du eine Brücke dorthin, wo du dich eigentlich befinden möchtest. Manchmal besteht dann die Herausforderung nicht im Tun, sondern im Seinlassen. Das ist umso schwieriger, je patenter und engagierter du bist oder je größer die in dir gespeicherte und nicht bewältigte Hilflosigkeit ist. Wenn du dich in dieser Herausforderung wiedererkennst, ist es umso wichtiger, dich in Akzeptanz des Bestehenden zu üben, denn dagegen anzugehen würde genau das erhalten, was ist und was du dir anders wünschst. Vielleicht hast du dir bisher gewünscht, dein Kind möge Schule nicht ganz so blöd finden, wie es das tut, und du hast darüber mit ihm gesprochen, hast gebeten, diskutiert und verhandelt. Du hast also eine Menge Energie investiert, etwas Bestehendes zu einem Zustand zu führen, in dem es nicht (mehr) ist. Doch mit jedem Wegwünschen gießt du den Widerstand deines Kindes in Beton.

Natürlich sollen dir die Dinge nicht egal sein. Das sind sie aber auch nicht, nur weil du sie nicht augenblicklich klärst. Entscheidest du dich im ersten Schritt für Akzeptanz statt Widerstand, rennst du nur nicht mehr mit dem Kopf gegen Betonwände, sondern bist klug genug, dich nach der Tür umzuschauen. Zu akzeptieren, dass eine Situation gerade anders ist, als sie es bleiben soll, verursacht eine andere Energie in eurer Beziehung, als darauf angewiesen zu sein, die Situation schnellstens abzuschaffen. Im Abschaffen negierst du kopflos all die guten Gründe, deine und die deines Kindes, die zu der Situation geführt haben, und nimmst euch damit die Möglichkeit, die Ursachen zu beheben. Oder du bringst dich um die Chance, daran zu wachsen, dass dein Kind eigene Werte entwickeln wird, die nur vielleicht deinen Werten und Überzeugungen entsprechen. Dies ist eine der größten Lernaufgaben für Eltern, und nur wenn dein Kind die Wahl hat, Anstrengung für Schule blöd zu finden, kann es Anstrengung für Schule auch aus Überzeugung und eigenem inneren Antrieb gut finden. Im anderen Fall wünschst du dir entweder Folgsamkeit (und dann darfst du deine Erziehungsziele und die ihnen zugrunde liegenden Werte nochmals überprüfen, wenn du dir gleichzeitig echte Nähe zu deinem Kind wünschst) oder Zustimmung für deine Werte für dein Kind, und darauf hast du zwar Einfluss, aber kein verbrieftes Recht. Deine Chancen auf Leistungsbereitschaft deines Kindes stehen jedoch ziemlich gut, wenn du bereits sehr gut darin bist, mit deinem Tun auszudrücken, wer du bist, und dir und deinem Kind Fehler und Weiterentwicklung in einem Klima der Akzeptanz auch zutraust.

Etwas nicht akzeptieren zu können ist nicht zwangsläufig Ausdruck von Stärke, sondern von der Weigerung, dich deiner Ohnmacht zu stellen, um dich für stark halten zu können. In aufrichtiger Akzeptanz wartet die Chance, Vertrauen zu entwickeln. Erst dann kann die Situation sich auflösen, und genau deshalb ist Akzeptanz nicht Resignation. Resignation ist der Verlust des Vertrauens, während Akzeptanz dir die Chance gibt, Vertrauen zu entdecken. Dazu musst du der Situation nur aufrichtig erlauben, zu sein, was sehr klug ist, weil sie ja bereits ist. Du wirst feststellen, dass nichts passieren wird, weil alles bereits passiert ist, und dass Transformation erst dann eintreten kann, wenn du diesen Zustand nicht mehr bekämpfst. Das liegt daran, dass deine Aufmerksamkeit in Bezug auf eine Sache darüber entscheidet, wie diese Sache sich entwickelt, denn es bist ja du, die oder der einer Sache die Bedeutung gibt. Eine Fliege an der Wand ist zunächst mal nichts anderes als eine Fliege an der Wand. Nachts um zwei Uhr, wenn du müde bist und schlafen möchtest, hat diese Fliege in deinem Schlafzimmer eine andere Bedeutung für dich als an der Wand im Großraumbüro, wenn alle zur Mittagspause aufbrechen, oder? Wie die Sache mit der Fliege sich für dich weiterentwickelt, ist davon abhängig, welche Aufmerksamkeit und welche Bedeutung du ihr beimisst.

Triff deine Entscheidung – wieder und wieder

Wir halten fest: Es ist gut, wenn du darauf vorbereitet bist, dass du dich, deine Entscheidung, den Weg, dein Kind, die Situation und die ganze Welt infrage stellen wirst, und dass es noch besser ist, wenn du all das, was dazu führen kann, auch bemerkst. Du weißt nun, dass du diese Entscheidung, den Kreislauf zu durchbrechen und das Leben mit deinem Kind zu führen, nach dem du dich sehnst, nicht einmal, sondern unzählige Male treffen musst, und dass dein Ja zu diesem Weg nicht laut genug sein kann. Das sollte dir immer bewusst sein, denn es wird immer Anteile in dir geben, die dich bremsen und ins Altbekannte, weil Sichere, hinabziehen wollen. Und du weißt, dass niemand außer dir selbst ein ums andere Mal diese Entscheidung für dich treffen kann. Also lass uns gleich damit anfangen. Bevor du ins To-feel-Tool startest, triff deine Entscheidung. Ganz bewusst, mit dir alleine oder im Gespräch mit einem Lieblingsmenschen: Schreib dir eine Notiz, wirf eine Flaschenpost in den nächsten Bach, mach ein kleines Feuer in der Feuerschale. Wie du diese erste große Entscheidung ausdrücken magst, ist nicht wichtig. Wichtig ist nur, dass du ein klares Startsignal setzt, ganz gleich, wie oft du diesen Punkt wiederholen musst. Entscheide dich heute oder entscheide dich heute wieder zu diesem Weg.

✓ *To-feel-Tool: Meditative Gedankenreise*

Ganz gleich, ob du für deine Entscheidung noch etwas Starthilfe brauchst oder ob du dieses To-feel-Tool als Rückenwind für deine Entscheidung nutzt: Es wird dich mit Leichtigkeit ein ganzes Stück auf deinem Weg tragen. Zu dieser Gedankenreise hat mich Vishen Lakhianis 6-Phasen-Meditation inspiriert. Du kannst sie im Internet kostenfrei finden, und ich empfehle sie sehr, aber für unsere Zwecke habe ich hier eine eigene Reise vorbereitet.

Plane für diese Übung etwa 25 Minuten ein, in denen du nicht gestört wirst. Suche dir einen Platz, an dem du es dir gemütlich machen kannst. Die meditative Gedankenreise kannst du als Audiodatei über folgenden Link herunterladen:

www.kinderfluesterei.de/echte-naehe/

Wenn du von deiner Reise zurückkehrst, nimm dir dein Büchlein und notiere deine Gefühle. Wende dieses To-feel-Tool immer dann an, wenn du zweifelst, stockst oder deine Route verlassen hast. Es hilft dir dabei, echte Zweifel von inneren Widerständen zu unterscheiden.

Schritt 3: Erkennen

Die Zufriedenheit deines Kindes hängt davon ab,
dass deine Zufriedenheit nicht davon abhängig ist,
was dein Kind tut oder lässt.

Kontext schafft Klarheit

Ein weiterer Schlüssel auf deinem Weg ist das Erkennen des Kontexts. Zu realisieren, wo dein roter Faden beginnt und wie er sich durch dein Leben ins Heute zieht und damit die gestern entstandene Wunde auch heute noch offen und schmerzhaft hält, während du nicht mal etwas davon ahnst, weil du dich an diesen Schmerz schon so sehr gewöhnt hast, ist ein Wendepunkt in deinem inneren Wachstum. Solange es dir nicht gelingt, klar und deutlich zu erkennen, warum du heute in bestimmten Situationen leidest, verkennst du den Ursprung dieser Wunde und sie wird schwer heilen können. All die Arten, auf die du bereits versucht hast, abzustellen, was manchmal schmerzt, konnten zu keiner Heilung führen, wenn du diese Verbindung nicht herstellen kannst. Du weißt ja nun, dass innere Widerstände der Grund dafür sind, immer wieder nach 1000 Wegen um den Schmerz herum zu suchen und sich dem als nicht zu bewältigen abgespeicherten Ursprung nicht zu stellen. Das wollen wir nun in diesem Teil der Lösung tun.

Lass uns aus dem roten Faden einen flauschigen roten Teppich spinnen, auf dem du dich jederzeit komfortabel hin und her bewegen kannst, denn Kontext schafft Klarheit und Klarheit vereinfacht das Leben mit deinem Kind in jeder Hinsicht. Wenn wir hier von »rotem Faden« sprechen, so verstehen wir das immer als Muster aus in der Vergangenheit gemachter Erfahrung und daraus gewonnener Überzeugung. Sie beeinflusst auf Dauer deine Haltung und steuert damit deine Handlungen, die heute zu einer bestimmten Reaktion deines Kindes führen. Das Muster entsteht ursächlich aus unversorgten emotionalen Grundbedürfnissen, die eine emotionale Blockade verursachen und zu einem Glaubenssatz über dich in der Welt führen, der dich so handeln lässt, dass er sich bewahrheitet und deine emotionale Blockade immer wieder aufs Neue kitzelt. Diese Handlungen führen in deinem Kind zu neuen Gefühlen, die eine Reaktion auslösen, auf die du abermals reagierst. So entsteht die Dynamik zwischen euch, die du so bedauerst, weil sie euren Alltag und eure Beziehung belastet. Erst wenn du dieses Muster erkannt hast, kannst du den Faden entlang zu deinen zugrunde liegenden Blockaden zurückgehen und erkennen, welche unbefriedigten emotionalen Grundbedürfnisse am Beginn des roten Fadens stehen. Diese Blockaden werden im nächsten Schritt gelöst. Zuvor müssen wir uns jedoch dem Gefühl stellen, und das ist wirklich eine Herausforderung, denn mit nichts kommt eine ganze Gesellschaft so schlecht klar wie mit den eigenen Gefühlen.

Dein Muster

Mach dir nun nochmals bewusst:

- **Dein roter Faden besteht aus einem Muster aus unversorgten emotionalen Grundbedürfnissen: Dir fehlt etwas – immer noch!**
  → Welches ist das Bedürfnis und was genau fehlt dir?
- **Dieser Mangel führte zu einer emotionalen Blockade, weil du den Mangel einfach nicht kompensieren konntest und das noch immer nicht kannst.**
  → Welche emotionale Blockade ist das?
- **Diese Kombination führte zu einem Glaubenssatz über dich in der Welt. Nach diesem handelst du immer noch.**
  → Wie lautet er?
- **Diese Handlungen entspringen deiner authentischen Haltung, die immer deine gewollte Haltung sticht.**
  → Wie handelst du oder was unterlässt du, um den Schmerz zu vermeiden, den du fürchtest?
- **Diese Handlungen führen zu Reaktionen deines Kindes, die du ablehnst oder die dich überfordern.**
  → Welche sind das und warum genau sind sie geeignet, dich so fühlen zu lassen, wie du dich fühlst?

- **Dieses Muster schafft in deinem Kind ein individuelles neues Muster, in welchem du ähnliche Limitierungen entdecken kannst wie in deinem.**
  → Kannst du das Muster oder die Limitierungen bereits erkennen?

Höchste Zeit, dein Muster aufzudecken. Das wird ein wenig Arbeit werden, aber du hast schon wirklich gute und intensive Vorarbeit geleistet, auf die du nun zurückgreifen kannst. Die Notizen von den To-feels zu deiner Lieblingsflucht und zu deinen wiederkehrenden Gefühlen sowie der Spaziergang auf dem roten Faden sollten dir gute Hilfestellung dabei leisten, diese Fragen zu beantworten. Im besten Fall erkennst du hier bereits innere Widerstände, Projektionen, Vermeidungen, deinen inneren Mangel, und kannst Glaubenssätze formulieren. Beantworte dir dazu einfach die zuvor gestellten Fragen.

Glaubenssätze und Identität

Wenn du jetzt nach und nach erkennst, wie dein ganz individuelles Muster sich unglaublich logisch und das Überleben erhaltend zusammensetzt, dürfte dies viele neue Gefühle in dir auslösen. Komm dir nun noch ein bisschen mehr auf die Schliche, indem du dich genauer mit den Glaubenssätzen auseinandersetzt, die aus dieser Unterversorgung eines Grundbedürfnisses entstanden und geeignet sind, Teile deiner Identität zu formen. Ja, du hast richtig gelesen, so mächtig sind diese Überzeugungen, dass sie mit darüber entscheiden, wer du zu sein glaubst. Lass uns Identität als die Gesamtheit deines Inneren verstehen, die du als dein Selbst erlebst. Wenn dein Bedürfnis nach Nähe und Bindung nicht gut versorgt werden konnte, hast du vielleicht den Schluss gezogen, dass es gut ist, wenn du die Bindung herstellst, indem du schnell und zuverlässig spürst, was die Menschen um dich herum zum Wohlfühlen brauchen, und sie darin unterstützt.

Die daraus entstandene Überzeugung könnte also lauten: »Ich bin immer für alle zuständig.« Hierin versteckt sich stets eine Furcht. Frag dich also im nächsten Schritt, was passieren würde, wenn du nicht mehr nach deinem Glaubenssatz handeln würdest. Im Falle des Beispiels also: »Was wäre, wenn ich nicht die Verantwortung für alle übernähme?« Die Antwort hier wäre vielleicht: »Dann mögen sie mich nicht mehr so gern.« Darin versteckt sich dein Nutzen in Form der Vermeidung eines Gefühls, der deine Überzeugung erhält und Teile deiner Identität formt. Es lohnt sich wirklich, diese Antworten nochmals und nochmals zu hinterfragen, um dorthin zu gelangen, wo deine echten Antworten wohnen: Das sind die Antworten, die dich weiterbringen auf dem Weg zu dir. Im obigen Beispiel könnte eine solche mehrfach hinterfragte Überzeugung lauten: »Wenn ich mich nicht um den anderen kümmere, werde ich verlassen.«

Das ist ein sehr, sehr häufiger Glaubenssatz, in dem sich sowohl das ungestillte Bedürfnis nach bedingungsloser Nähe und Verbindung versteckt als auch die Handlung, die eingesetzt wird, um das Gefürchtete zu vermeiden. Dann strengst du dich an, zumeist von dir selbst unbemerkt, um zu viel Distanz und Unkontrollierbarkeit zu vermeiden, und gehst für deine innere Balance weit über die eigenen Grenzen, damit der in seiner Überzeugung versteckte Nutzen aufrechterhalten bleibt. Damit erhält der Glaubenssatz selbst die Macht, einen Teil der eigenen Identität zu formen. Die Person, für die er gilt, hält sich für empathisch, anstrengungsbereit und fürsorglich, und das stimmt auch. Die Frage ist lediglich, ob die Person »einfach« so ist oder ob der versteckte Nutzen, den der Glaubenssatz parat hält, so groß ist, dass er zum Teil der Identität werden *muss*: ohne deine Zustimmung, sondern weil der Teil in dir, der den Mangel nicht ausgehalten hat, entschieden hat, zu müssen. Also: Willst du so sein oder musst du so sein? Willst du immer über deine Grenzen gehen müssen? Willst du fürsorglich sein müssen oder möchtest du Fürsorge verschenken? An dieser Stelle wird sehr deutlich, wie mächtig das ist, was wir über uns denken. So mächtig, dass es darüber entscheidet, wer du bist. Die gute Nachricht ist: Am Ende entscheidest ausschließlich du darüber, wer du bist und wer nicht. Dazu musst du dir nur die Wahl zurückholen und den Zwang ablegen, das eine sein zu müssen und das andere nicht sein zu dürfen.

✓ *To-feel-Tool: Begegne deiner wahren Identität*

Widme dich jetzt dem Glaubenssatz, der einen Teil deiner Identität geformt hat und dessen versteckter Nutzen dich davor bewahrt hat, jemals wieder emotional in die Situation zu geraten, die du unbewusst als »zu vermeiden« markiert hast. Dieser vermeintliche Nutzen erhält ihn und steuert so, was du tust. Darin liegt der Verlust des Zugangs zu dir selbst. Es wird dir leichtfallen, ihn aufzugeben, denn der Preis, den du bereits jetzt unbemerkt dafür zahlst, ist erheblich höher als sein heutiger Nutzen.

Um diesem Glaubenssatz auf den Grund zu gehen, bietet sich dieses zweiteilige To-feel-Tool an: Zuerst beschäftigst du dich kognitiv mit dem Glaubenssatz, danach spürst du dieser Beschäftigung in einer Glaubenssatzreise nach. Bring Gefühl in diese Übung und gib dich beim Erforschen deiner limitierenden Überzeugung nicht mit den ersten Antworten zufrieden. Sei nachhaltig.

Plane für die gesamte Übung eine Stunde ein, in der du nicht gestört werden solltest. Lege dir für den ersten Teil Buch und Stift bereit und lade dir für den zweiten Teil die zweite Audio-Datei unter dem zuvor genannten Link herunter: www.kinderfluesterei.de/echte-naehe/ Der zweite Teil wird dich dann direkt in deine neue Identität führen.

- **Was ist dein Glaubenssatz in Bezug auf dein zu kurz gekommenes emotionales Grundbedürfnis?**
  Die Frage habe ich dir zuvor schon mal gestellt. Nutze die Antwort hier gern als Einstieg und versuche, tiefer zu gelangen. Hinterfrage deine Antworten also so, dass am Ende ein Wenn-dann-Satz herauskommt, der das Bedürfnis ebenso wie die Furcht und die Handlung beinhaltet. Zum Beispiel: »Wenn ich mich nicht um alles kümmere, bin ich schutzlos und ohnmächtig« oder »Wenn ich für meine Grenzen einstehe, bin ich alleine«.
- **Was ist der Nutzen deines Glaubenssatzes?**
  Wovor beschützt er dich? Was hast du davon, dass du das glaubst? Fühlst du dich dann sicher? Verbunden? Behältst du die Kontrolle? Kannst du es vermeiden, dich schutzlos zu fühlen, weil du das glaubst? Fühlst du dich dann frei? Bist du besonders stark oder patent?
- **Welchen Preis zahlst du für den Glaubenssatz?**
  Was entgeht dir, weil du das glaubst? Bist du angestrengt? Erschöpft? Kostet es dich Kraft, zu glauben was du glaubst, weil du den anderen sowieso nie kontrollieren kannst? Welchen Preis zahlst du konkret dafür, dass du dem Glaubenssatz folgst?
- **Erkennst du das Paradox zwischen Nutzen und Preis?**
  Suche so lange und so tief, bis du es gefunden hast. Du glaubst, durch deine Bemühungen etwas zu erhalten, doch

am Ende ist da nichts. Es ergibt sich ein Kreislauf des Mangels.

Wenn du mit deiner unermüdlichen Fürsorge dafür sorgst, dass es dem anderen besser geht, damit du dich nicht schutzlos und alleine fühlst, sondern sicher und verbunden, kostet dich das nicht nur eine Menge Anstrengung. Sondern du erkennst auch irgendwann, dass du niemals kontrollieren kannst, was der andere tut, denkt und fühlt, ganz gleich, wie sehr du dich anstrengst. Und dann fühlst du dich eben nicht verbunden und sicher, sondern allein und schutzlos. Der Nutzen, über den anderen für deine Sicherheit zu sorgen, wird aufgehoben vom Preis der Unmöglichkeit des Unterfangens, den du dafür zahlst.

- **Ist dein Glaubenssatz immer wahr?**

  Gab es Ausnahmen? Wenn du mit 40 Grad Fieber auf der Couch liegst und dich mal nicht um die anderen sorgen kannst und musst, dann ist das eine Ausnahme. Und es ist wichtig, für dich zu erkennen, dass es auch in deiner Welt Ausnahmen gibt.

- **Ruf dir nun den schlimmsten Moment in Bezug auf deinen Glaubenssatz in Erinnerung.**

  Schließ dafür die Augen und tauche ein in den Moment, in dem du dich deinem Glaubenssatz ohnmächtig ausgeliefert gefühlt hast. Die unendliche Verzweiflung, dein Kind nicht beschützen zu können, wenn es sich in diesem einen bestimmten Punkt einfach nicht von dir und deiner Fürsorge erreichen lässt. Die letzte Auseinandersetzung mit deinem Partner. Die mühsamen Diskussionen mit deiner Mutter – ganz gleich, welche Situation: Spüre nach, wie du dich in deinem schlimmsten Moment gefühlt hast, weil du diesen Glaubenssatz für wahr hältst.

- **Welche Identität fügt dir dieser Glaubenssatz zu?**
  Wer bist du, weil du das glaubst? Wer glaubst du sein zu müssen, weil du das glaubst und weil dieser Glaube deine innere Welt zusammenhält?

Steig nun direkt und ohne Pause mit Musik in die Glaubenssatzreise zu deiner wahren Identität ein, indem du die Audiodatei unter folgendem Link herunterlädst: www.kinderfluesterei.de/echte-naehe/

Sobald du deine Augen wieder öffnest, frage dich:

- **Fühlt sich der alte Glaubenssatz noch wahr an?**
  Lautet deine Antwort »nein«, dann frage dich, was stattdessen wahr ist. Hier zeigt sich nun deine neue alte Identität, also deine wahre, ganz ursprüngliche Identität, die es bisher sehr schwer hatte, sich unter der Last der notwendigen Limitierung zu zeigen.
  Lautet deine Antwort hingegen »ja«, dann frage bitte, ob du der neuen Identität begegnet bist. Wie fühlt sie sich an? Welche der beiden Identitäten möchtest du einnehmen?
- **Welche Handlung in deinem Alltag musst du nun konkret durchführen oder fortan aufgeben, um die neue Identität als wahr zu erleben und sie einzunehmen? Was musst du tun oder lassen, um zu sein, wer du bist, und nicht, wer du in deinen Augen besser wärst?**
- **Was wirst du nun ganz konkret eine Woche lang tun, um dieser neuen Identität täglich zu begegnen? Wie kannst du ausdrücken, wer du in Wahrheit bist? Schaffe dir einen Anker für deinen Alltag und schreib es dir auf. Vielleicht mit Lippenstift auf einen Spiegel oder per Klebezettel an die Kaffeemaschine? Was tust du eine Woche lang jeden Tag, um dir selbst zu begegnen?**

- Reflektiere unter deinen Antworten kurz deine Glaubenssatzreise. Schreibe unbedingt auch auf, wo und wann und bei wem du deiner wahren Natur bereits heute begegnest.

Schritt 4: Lösen emotionaler Blockaden

Beziehung gelingt, wenn du heute von gestern trennst.

Endlich ist es so weit. Du hast dich auf dem Weg zu deiner wahren Identität gemacht und kannst dich nun so weit von deiner emotionalen Blockade lösen, wie es dir an diesem Punkt deines Lebens möglich ist. Denn jetzt weißt du, dass eine veränderte Beziehung zu deinem Kind das Ergebnis deines veränderten Erlebens ist. Dein Erleben ist abhängig davon, wie bewusst und entschieden du bist, dir selbst zu folgen, und es verändert sich dann in der Tiefe, wenn das der Blockade zugrunde liegende unverarbeitete Gefühl integriert wurde. Das wiederum ist genau dann der Fall, wenn es sein Unwesen nicht mehr in dem Teil deines Gehirns treibt, in dem es für dein Kind auf Knopfdruck abrufbar ist, sondern wenn die neuronalen Verknüpfungen geschaffen wurden, die für Raum und Zeit und Logik zuständig sind, du also diese emotionale Blockade gelöst hast. Erst dann ist heute nicht mehr gestern, und das gehen wir in diesem Teil der Lösung gemeinsam an.

Du hast herausgearbeitet, wie diese Blockade sich in dir entwickeln und erhalten konnte und auf welche Weise sie die Macht hatte, deine Beziehungen zu sabotieren. Du hast hundertfach die Erfahrung gemacht, dass es dir in diesen heiklen Situationen auch bei allerbestem Willen nicht möglich war, anders zu handeln, auch wenn du das wolltest. Wir haben uns bereits den Gefühlen hinter den Gefühlen, den Trigger-Momenten und unbewältigten Emotionen gewidmet. Am besten liest du diesen Teil nochmals, bevor du fortfährst.

Integration eigener Verletzungen

Ich kann wirklich nicht mehr zählen, wie oft Menschen nach dem Lösen einer so belastenden Blockade nicht glauben konnten, was gerade mit ihnen passiert war. Alles in ihnen weigert sich dann anzuerkennen, dass es so leicht sein konnte, etwas loszuwerden, was das Leben über Jahrzehnte spürbar belastete. Sie können nicht fassen, dass sie tagtäglich an eine Grenze gestoßen sind, die nun einfach nicht mehr vorhanden sein soll, während sie gleichzeitig gar nicht wissen wohin mit diesem Enthusiasmus, der gewonnenen Freiheit, sich nicht aufregen oder auf eine bestimmte Weise fühlen zu müssen. Sie können nicht fassen, dass ihr Erleben sich schlagartig verändert hat, nur weil das Gehirn eine Aktion nachgeholt hat, die es irgendwann versäumt hatte.

Eigentlich sollten schon unsere Kinder im Kindergarten lernen, wie das geht. Jeder Psychologe und jeder Kinderarzt, jeder Pädagoge und jede Hebamme im Geburtsvorbereitungskurs sollten dieses Wissen bereithalten. Nur das ganzheitliche Wissen um die Weitergabe generationsübergreifend wirksamer Traumata und um das Vorhandensein hocheffizienter Mittel, um diesen Kreislauf zu stoppen, schafft Beziehungen, wie Eltern sie sich heute wünschen: voller Nähe, Verbundenheit und Freiheit für die Entfaltung der eigenen Persönlichkeit. Nur diese Beziehungen schaffen eine Gesellschaft, in der Toleranz, Humanität und Gleichheit auch gelebt werden können.

Dem Mangel in dir begegnen

Um hirnphysiologisch zu lösen, was dich belastet, war es notwendig, das Bewusstsein für den Kontext zwischen Gestern und Heute zu schaffen, das du dir hier erarbeitet hast, und dem Mangel in dir zu begegnen, den du sonst still und heimlich und vor allem unbewusst und ungewollt an dein Kind weiterreichen würdest. Solange die unverarbeitete Emotion als Trauma leicht auslösbar vor sich hinwirkt, bleibt es aber schwierig, den Mangel zu überwinden. Wir müssen diesem Trauma also auch noch entgegentreten.

Ich habe es an anderer Stelle bereits erwähnt: Wir verstehen Trauma in diesem Buch dem Wortlaut nach als emotionale Wunde, als überwältigendes und bedrohlich wahrgenommenes Erlebnis, das psychisch und physisch nicht umfassend bewältigt werden konnte, nicht aber als Traumafolgestörung. Ich kenne niemanden, der keine Traumata im Sinne emotionaler Wunden erlebt hat, aber die wenigsten entwickeln eine Traumafolgestörung. Neuere Ansätze gehen aber davon aus, dass auch Depressionen und Abhängigkeiten immer Ausdruck nicht bewältigter Psychotraumata sind. Dies deckt sich mit den Erfahrungen unserer praktischen Arbeit. Deshalb ist es mir an dieser Stelle ein Anliegen, dich für die Auswirkungen von Traumafolgestörungen zu sensibilisieren. Solltest du den Verdacht haben, an einer solchen Belastungsstörung zu leiden, suche dir unbedingt psychotherapeutische Hilfe in Form einer Traumatherapie. Du musst das nicht alleine schaffen und es zeugt von großem Mut und noch größerem Verantwortungsgefühl, dich dieser Notwendigkeit zu stellen. Eine Traumafolgestörung ist ausgesprochen gut therapierbar. Solltest du eine posttraumatische Belastungsstörung bei dir vermuten oder sollte gar bereits eine diagnostiziert worden sein, besprich bitte zuerst mit deinem Therapeuten, ob du die gleich folgende Übung durchführen sollst.

Solltest du keinen Therapeuten haben, überspring das To-feel-Tool in diesem Kapitel bitte.

Die Erfindung der traumatherapeutischen Methode EMDR (Eye Movement Desensitization and Reprocessing) durch Dr. Francine Shapiro gilt als Meilenstein in der Behandlung des Psychotraumas. Du wirst diese Methode hier in sehr reduzierter Form kennenlernen. In unseren Coachings arbeiten wir mit TGEB, einer abgewandelten Form des EMDR, das mit einer speziellen Atemtechnik verknüpft wird, was außerordentliche Ergebnisse an »Gesunden« verursacht. Diagnostizierte Störungsbilder gehören stets in die Hände eines Therapeuten und keines Coaches, auch wenn diese Grenze häufig schwierig zu ziehen ist. Allen Varianten des EMDR gemeinsam ist, dass sie bei gleichzeitigem Erleben des unangenehmen Gefühls und der Anwendung einer bilateralen Hemisphärenstimulation geeignet sind, die belastenden Emotionen nachhaltig zu integrieren. Hirnphysiologisch betrachtet werden Synapsen geschaffen, die eine Speicherung des Stresserlebnisses im Langzeitgedächtnis erlauben, während das Erlebnis zuvor unbearbeitet und fehlplatziert im Traumagedächtnis anzufinden war – darüber hatten wir bereits gesprochen. Dies ist der Grund dafür, warum du in manchen Situationen nicht anders reagieren kannst, ganz gleich, wie sehr du dir eine andere Handlung oder Reaktion immer wieder vornimmst, und ganz gleich, wie sehr du dein Kind liebst.

Ich gehe davon aus, dass bereits das Lesen und Durcharbeiten des Buches und damit die Auseinandersetzung mit deinen blinden Flecken ein neues Licht auf die ein oder andere Situation in deinem Alltag und auf die Beziehung zu deinem Kind geworfen hat. Vielleicht hat es sogar schon deinen Blick auf dein Kind verändert. Das ist ganz wunderbar. Das, was passiert, wenn du deinen Blockaden auf die gleich vorzustellende Weise zu Leibe rückst, geht eine Etage tiefer. Nein, drei Etagen. Wenn die deinen Handlungen zugrunde liegende Emotion nicht mehr triggerbar ist, weil sie integriert wurde, verändert sich dein Erleben. Stell dir das vor wie einen Spaziergang. Du hast über mehrere Jahrzehnte täglich eine bestimmte Route genommen. Jeden einzelnen Tag. Du bist jeden Tag demselben Baum, derselben Hecke, demselben Zaun begegnet. Dieser Spaziergang endete immer vor einem Berg. Dort bist du dann wieder umgekehrt und auf deinem Rückweg abermals an Baum, Hecke und Zaun vorbeispaziert. Manchmal hast du dich gefragt, ob du nicht mal eine andere Route nehmen solltest, die du noch nicht kennst, aber am Ende bist du immer wieder auf deinem Pfad gelandet. Baum, Hecke, Zaun, Berg und zurück. Jeden Tag. Stell dir nun vor, du stehst wie jeden Tag auf, spazierst los, vorbei an Baum, Hecke und Zaun zu deinem Berg und der Berg ist nicht mehr da. An der Stelle, an der er sich befinden müsste, findest du keinen Berg mehr. Stattdessen blickst du an dieser Stelle nun auf all das, was sich hinter dem Berg befand und was du logischerweise nie erkennen konntest. Vielleicht gibt es da weitere Berge, vielleicht klare Bergseen, vielleicht blickst du auch in die Weite, weil sich hinter deinem Berg das Meer befand.

Ich weiß nicht, was hinter deinem Berg wartet. Ich weiß nur, du wirst es nie herausfinden, wenn du nur bis zum Berg spazierst. In jedem Fall aber hast du nun an dieser Stelle, an der dein Berg sich in Luft aufgelöst hat, neue Handlungsalternativen: Du kannst weitergehen, du kannst die Aussicht genießen, du kannst sogar zurückgehen, aber du kannst nicht so tun, als ob da noch ein Berg wäre. Das wird dich einerseits irritieren und andererseits befreien. Das Erleben deines Spaziergangs aber wird sich für immer verändert haben. Genau so kannst du es dir vorstellen, wenn es dir gelungen ist, deinen Schmerz nach und nach zu integrieren: Dein Erleben verändert sich. Du musst dich nicht mehr anstrengen, anders zu handeln, sondern du kannst ganz einfach nicht mehr anders handeln, als es deinem neuen Erleben entspricht. Deine veränderten Handlungen werden andere Reaktionen in deinem Kind verursachen, was abermals dich anders reagieren lassen wird. Damit seid ihr in einer neuen Gefühls- und Handlungsspirale unterwegs, die das Erleben deines Kindes und die Wahrnehmung seiner Kindheit verändern wird. Es wird ohne deine Blockade eine andere Entwicklung durchleben als mit deiner Blockade, weil eure Beziehung eine andere sein wird und es andere Überzeugungen über die Welt gewinnen wird.

√ *To-feel-Tool: Bilaterale Hemisphärenstimulation*

Die Überschrift klingt sehr kompliziert, bedeutet aber ganz einfach, dass deine beiden Gehirnhälften darin unterstützt werden, effektiv und harmonisch miteinander zu arbeiten. Ähnliches passiert bekanntermaßen auch im REM-Schlaf oder in tiefen Meditationen. Ein wenig zielt diese Methode also darauf ab, die Prozesse des REM-Schlafs zu imitieren, um die Integration belastender Erlebnisse zu ermöglichen. Dies ist auf viele Arten möglich. EMDR (Eye Movement Desensitization and Reprocessing) in den Händen eines Traumatherapeuten ist eine Möglichkeit. TGEB (Transgenerationale Emotionale Blockadenlösung) ist die Methode, die wir anwenden. Es gibt vibrierende Geräte, die bilateral stimulieren, und es gibt Lichtleisten, die die entsprechenden Augenbewegungen auslösen. Selbst Joggen ist eine schwache Form des EMDR und damit eine probate Möglichkeit, denn auch dabei stimulierst du deine Gehirnhälften bilateral. Falls du joggst, kannst du sicher bestätigen, dass du dich nach einem Lauf klarer und befreiter fühlst. Das liegt nicht nur an der körperlichen Anstrengung, sondern auch am bilateralen Reiz. Ich habe mich für diese Übung für das schnelle Gehen entschieden, weil du die Methode dann sowohl mit dir selbst als auch mit deinem Kind ausführen kannst.

Das Wichtigste an dieser Übung ist es nun, dir ein bisschen Freiraum zu verschaffen und das belastende Gefühl zu fühlen. Begib dich an einen Ort, an dem du gut und lange laufen kannst, ohne Autoverkehr und mit möglichst wenigen anderen Menschen. Sammle dich für einen Moment am Startpunkt, bevor du versuchst, dich dem belastenden Gefühl so richtig mächtig hinzugeben. Dem Gefühl, das du über so viele Jahre so gut weggepackt hast und das du tagein, tagaus zu vermeiden versuchst, nur um ihm im nächsten Moment völlig ausgeliefert zu sein. Du hast es hier bereits herausgearbeitet. Wenn möglich, führst du diese Übung sofort und unmittelbar durch, wenn du gerade von einem deiner Lieblingsmenschen so richtig getriggert wurdest, oder du erinnerst dich einfach an einen Moment, in dem du dieses Gefühl sehr stark gespürt hast. Erinnere dich mit dem Herzen, nicht mit dem Kopf. Hol dir den Moment des Erlebens zurück, das ist ganz wichtig. Wenn dir das schwerfällt, erlaube dir, es schwer zu finden, aber verliere dich nicht darin. Dann bist du in dieser Übung einfach besonders richtig und dein System leistet ordentlichen Widerstand. Du weißt ja nun, dass das ein gutes Zeichen ist und du nur erkennen musst, wovor du dich fürchtest, damit du dich entscheiden kannst, gemeinsam mit deinem Widerstand weiterzugehen.

Während du also an deinem Startpunkt stehst und noch nicht losgelaufen bist, suche dir einen Marker auf dem Weg, den du gleich gehen wirst. Es ist nicht wichtig, wie weit er von dir entfernt ist. Das können mal 10 Meter sein, mal 100 Meter. Folge da einfach deiner Intuition – sie freut sich darüber, wenn du sie trainierst. Ein solcher Marker kann ein Mülleimer am Wegesrand sein, ein Zweig, der in den Weg hineinragt, oder die dritte Tanne auf der rechten Seite –

egal. Dann läufst du los, bleibst an dem Marker abrupt stehen und fragst dich: »Was war gerade?« Bewerte nicht deine Antwort, sondern nimm sie nur zur Kenntnis. Dann such dir den nächsten Marker, lauf los und frage dich wieder das Gleiche.

Ich kann dir nicht sagen, wie lange du läufst – 30 Minuten oder drei Stunden – und ich kann dir auch nicht sagen, wie häufig du diese Laufübung machst. Aber ich weiß, dass diese Übung dein Erleben verändert und deinen inneren Berg zur Seite räumt, wenn du sie völlig erwartungsfrei und ergebnisoffen durchführst. Du wirst dem Gefühl hinter deinem Gefühl begegnen und dem Gefühl dahinter. Stell dir das vor wie bei einer Zwiebel. Sie hat ebenfalls mehrere Schichten, und bevor du ins Innere gelangst, musst du Schicht für Schicht anheben. So wird sichtbar, was zuvor nicht sichtbar war. In jedem Fall darfst du aufhören zu laufen, wenn du bei der Frage »Was war gerade?« schließlich nur noch auf die heutige Einkaufsliste oder andere Alltagsgedanken kommst oder wenn du dich sehr gut und frei fühlst. Oder auch zu müde, traurig oder schwach, um weiterzulaufen. In diesem Fall wiederholst du die Übung einfach, so oft es notwendig ist, und beobachtest, welchen Gefühlen du begegnest, während dein Gehirn sie nebenbei für dich integriert. Wenn du oft und lange laufen musst, hast du eben viel zu integrieren – na und?

Nimm dir nach dem Lauf unbedingt noch einen Moment Zeit, um schriftlich zu reflektieren, was in dir vorging, welchen Szenen du begegnet bist. Führe außerdem mit der 5-4-3-2-1-Übung aus dem ersten To-feel-Tool einen kurzen Körperscan durch.

Schritt 5: Ressourcen mobilisieren

Wenn du dir selbst wichtig bist, bist du gegenüber deinem Kind nicht gleichgültig. Du bist dir gleich gültig.

Wenn du es bis hier geschafft hast, feiere ich dich. Nun folgt mit Abstand der schönste und angenehmste Teil deines Weges. Hier glitzert es. Und wie das mit Glitzer so ist, er funkelt einfach viel schöner und echter, wenn der Untergrund nicht staubig und schmutzig, sondern geklärt und rein ist. Mit anderen Worten: All die schönen Ressourcen entfalten ihre volle Wirkung erst, wenn du dich deinen Schatten gestellt hast. Dieser Baustein funktioniert nur an dieser Stelle – zumindest dann, wenn du es authentisch wünschst und dich nicht damit zufriedengeben magst, nur das Unangenehme weniger unangenehm zu machen. Wenn du das tust, erhältst du den Mangel und erlebst nicht die wahre innere Fülle. Im Resultat bleibst du nicht nur unter deinen Möglichkeiten für ein buntes und echtes Leben, du trainierst auch nicht deine Intuition und kannst so nicht dauerhaft den Zugang in dein Wesen zurückerobern – den Teil in dir, in dem deine Sehnsüchte und dein Potenzial wohnen. Deine Intuition ist nämlich auf deine messerscharfe Wahrnehmung angewiesen, und wenn du deine Wahrnehmung vor dir selbst täuschst, um dich besser aushalten zu können, startest du wieder von vorne. Dann müsstest du dich fragen, was du davon hast, dich deinen Gespenstern nicht in der Tiefe zu stellen und was du daran fürchtest.

Ich bin deshalb ein wenig hartnäckig in diesem Thema, weil es in bestimmten Szenen leider sehr verbreitet ist, eine Meditation auf die Traurigkeit zu legen oder einen Gesang aus der Wut zu machen oder was auch immer dabei helfen soll, vermeintlich Negatives durch das vermeintlich Positive nicht mehr zu spüren. Das macht Transformation unmöglich. Eine Ressource ist nur dann eine Ressource, wenn ihre Energie vollumfänglich für dich nutzbar ist und sie dir kompetenzfördernd zur Verfügung steht. Sonst ist sie keine Ressource, sondern eine Vermeidungsstrategie. Du bist der Experte in deinem eigenen System und daher klug genug, das eine vom anderen zu unterscheiden.

Selbstliebe: Du bist das Herz deines Systems

Wusstest du, dass dein Herz, dessen Aufgabe ja primär darin besteht, deinen Körper mit all seinen Organen mit sauerstoffreichem Blut zu versorgen, das sauerstoffreichste Blut für sich behält, um sich als Organ selbst zu versorgen? Bevor dein Herz auch nur einen einzigen Schlag ausführt, und deine Gefäße füllt, um all deine Organe zu versorgen, hat es bereits das Beste vom Besten für sich behalten. Findest du dein Herz jetzt selbstsüchtig oder findest du es klug, weil es weiß, dass es seinen elementaren und lebenserhaltenden Dienst nur leisten kann, wenn es sich maximal gut selbst versorgt? Genauso ist es nicht selbstsüchtig, deine eigene innere Fülle für dich zu beanspruchen. Du stellst ja auch nicht infrage, ob du deine Zähne putzen oder deine Haare waschen musst oder ob du Spülmittel benutzt, um dein Geschirr zu säubern. An jeder Stelle im Außen ist uns Hygiene lieb und teuer, aber Seelenhygiene vernachlässigen wir aufs Äußerste. Erst wenn wir dauerhaft müde, erschöpft, genervt und gestresst sind, bemerken wir, dass uns etwas fehlt, denn wir werden ja nicht müde davon, zu viel von etwas zu tun, sondern davon, zu wenig von dem zu tun, was uns nährt und erfüllt.

Nie im Leben würdest du mit dem Akkustand deines Mobiltelefons umgehen wie mit deiner Lebensenergie. Da akzeptierst du sang- und klanglos, mehrmals täglich im roten Bereich unterwegs zu sein, und rettest dich höchstens in den nächsten Urlaub. Dort lädst du auf, tust all die Dinge, zu denen du nie kommst, weil du sie dir im pflichtenreichen Alltag nicht erlaubst, und die dir doch so gut tun. Urlaub bedeutet die Erlaubnis, aufzutanken. Wie würde wohl ein Leben schmecken, von dem du keinen Urlaub brauchst? Ein Leben, das dich nährt, anstatt dich Energie zu kosten? Und: Was würde dein Kind übers Leben lernen, wenn du dir wichtiger bist als die Wäsche, die gebügelt sein will, oder wichtiger als die Nachbarin, die dein Unkraut skandalös findet, oder wichtiger als die Anerkennung durch deinen Chef, die dich sowieso nur kurzfristig zufriedenstellt? Ich sag's dir: Es würde lernen, wie Selbstliebe funktioniert, weil du dir erlaubst, wichtig zu sein, und das ist einfach unbezahlbar! Du weißt ja, dein Kind lernt nicht von dir, was du dir für es wünschst, sondern was du ihm vorlebst. Selbstliebe lernt es also nur bedingt, indem du es liebst, sondern vor allem, indem du dich liebst. Wenn das mal kein guter Grund ist, das Vorhaben ein wenig ernster zu nehmen!

Selbstliebe ist damit nichts, was du dir zulegen musst und beinhaltet erst mal keine Handlung. Es ist nicht der Cappuccino auf der Terrasse, nicht die Anmeldung im Fitnessstudio und nicht eine Meditation, in der du deinem inneren Kind begegnest und es tröstest. Selbstliebe ist eine Haltung, die all diese Handlungen nach sich ziehen kann, doch dazu musst du erst mal lassen, was dich davon trennt. Selbstliebe bedeutet immer auch, dich zu achten und es dir wert zu sein, du selbst zu sein. Frei von Masken und Rollen, die du dir zugelegt hast, um vermeintlich das zu erhalten, wonach du dich so sehr gesehnt hast.

Sehnsucht nach dir selbst

Oft sind wir so sehr damit beschäftigt, zu wissen, was zu tun ist, dass wir gar nicht mehr gut spüren, wonach wir uns sehnen. Wenn wir es spüren, dann als unerfüllbare Sehnsucht, als Mangel. Was wir dabei völlig verkennen, ist, dass genau dieser Mangel und diese Sehnsucht der Pfad sind, der uns in ein erfülltes und sinnhaftes Leben führen würde. Tatsächlich bringt jeder Mensch den Wunsch mit, zu entfalten, wer er ist, und dies durch sein Tun auszudrücken. Je nach Sozialisierung führt das aber meist dazu, dass wir tun, um jemand zu sein, und uns gleichzeitig wünschten, anders zu leben.

Bring diese Ebenen wieder übereinander, indem du die Sehnsucht in dir entdeckst und als Wegweiser in die Art von Leben erkennst, die voll und ganz dir selbst entspricht. Wie willst du dich im Mangel, unbefriedigt und unzufrieden fühlen, wenn du spürst, was du brauchst, was dich stärkt und nährt, und dir das erlaubst? Genau, dann fühlst du dich nicht mehr im Mangel. Schaffe nun also Platz für diese Sehnsucht nach dir und nach dem Leben, indem du anerkennst, dass du sie in dir trägst und bisher sträflich vernachlässigst. Sie ist der Anteil, der die Lebendigkeit in sich trägt, und hat die Buntstifte für dein Leben im Gepäck. Es ist ganz deine Entscheidung, wie bunt und in welchen Farben du es dir malst. Nicht die Entscheidung deiner Eltern oder deines Chefs. Freiheit beginnt immer in dir.

Fülle

Ressourcen sind der Anteil in dir, der nach Entfaltung ruft. Sie haben die Kraft, dich auch durch schlechte Zeiten zu tragen, denn sie nähren dich auch dann noch, wenn dein Energielevel sinkt. Vielleicht pflegst du bereits Hobbys oder begeisterst dich fürs Lesen oder das Reisen. Hinter diesen Aktivitäten verstecken sich deine Ressourcen: Es ist die Freiheit, die dich beim Reisen beflügelt, die Verbundenheit mit deinem Gegenüber bei einem guten Gespräch oder die Stille in dir, wenn du angelst. Vielleicht ist es die Lust an Aufregung und Abenteuer, die das Wandern in dir stillt, vielleicht aber auch die Verbundenheit mit der Natur, aus der du Energie und Kraft ziehst. Was auch immer die Ressource hinter der Aktivität ist, die dich auftanken lässt, sie ist der Wegweiser in das Leben, das du dir wünschst. Indem du sie zu einem essenziellen Bestandteil deines Lebens machst, gönnst du dir, was wir eben als Selbstliebe definiert haben. Erst dann ist deine Zufriedenheit nicht mehr abhängig davon, was andere dir zukommen lassen, sondern davon, was du dir wert bist und was du dir an Ressourcen zukommen lässt.

Innere Fülle entsteht, wenn du dich entscheidest, dich als Quelle der Fülle anzuerkennen. Eine stete, sich selbst erhaltende und niemals versiegende Quelle mit all dem, was du dir vom Leben wünschst. In dir. Dann wird aus Reaktion Aktion, aus Suchen wird Finden, aus Wünschen und Brauchen wird Haben und aus Sehnen wird Sein. Je mehr du dich dieser Quelle in dir, deinen Ressourcen, deiner Gier nach Lebendigkeit und damit deinem Ja zu dir selbst öffnest, desto verbundener wirst du dich mit dir selbst fühlen, desto sinnhafter wird sich dein Leben anfühlen. Nur so kann dein Kind lernen, dass Leben nicht Überleben bedeutet, und lernen, wie das geht. Dein Ja zu dir und deiner Sehnsucht nach dir selbst, deine bedingungslose Eigenakzeptanz und deine Kompromisslosigkeit, dich nicht mit weniger Leben zufriedenzugeben als dir zusteht, sind Ausdruck des Zugangs in deine Intuition. Dort wolltest du doch hin? Willkommen. Du bist angekommen. Fühl dich wohl. Mach's dir bequem. In dir.

✓ *To-feel-Tool: Dankbarkeit*

Niemand verlässt unsere Coachingprogramme oder Ausbildungen, ohne danach stolzer Inhaber eines Dankbarkeitstagebuchs zu sein. Dankbarkeit ist eins der wertvollsten und gleichzeitig völlig unterschätzten Tools, die ich kenne. Gelebte Dankbarkeit hat die Macht, dein Leben nachhaltig zu verändern, weil dein Fokus sich verändert. Sie ist Wunderpille und das Ende einer jeden Bewertung, die dich trennt: von der guten Beziehung zu deinen Lieben, von dem Leben, das du dir eigentlich wünschst, und von dir selbst. Beinahe zauberhaft, wenn es nicht so unglaublich logisch wäre, denn natürlich findet sich in deinem Leben nur das, was du dich wahrzunehmen entscheidest. Darüber hinaus entscheidest du selbst darüber, wie du findest, was du wahrnehmen möchtest. Was für eine Eigenmacht! Dass die Bewertung eines anderen oder einer Situation dich davon trennt, das Geschenk darin zu entdecken, versteht sich dann beinahe von selbst. Dankbarkeit ist somit keine Übung, sondern eine Lebenseinstellung, und ich wünsche dir, dass du ihr begegnest und sie nie wieder ziehen lässt. Es gibt großartige Studien zu den Auswirkungen einer dankbaren Lebenseinstellung in Bezug auf Zufriedenheit und Lebenserwartung, und die Ergebnisse sind wirklich beeindruckend. Dabei sollte man Dankbarkeit nicht mit »Positivem Denken« verwechseln, denn natürlich kannst du auch fühlbar dankbar für Umstände sein, die du dir anders wünschen würdest. Glaubst du nicht? Wer entscheidet denn darüber, wie du etwas findest?

Um der Dankbarkeit in deinem Leben Raum zu geben, habe ich mehrere Vorschläge:

Dankbarkeitstagebuch

Besorge dir ein weiteres hübsches Büchlein nur für diesen Zweck der Dankbarkeit und notiere darin täglich fünf Dinge, für die du dankbar bist. Damit meine ich nicht täglich dieselben fünf Dinge wie deinen Partner, dein Haus und dein Leben, sondern fünf Momente deines Tages, die dich berührt haben. Das kann etwas Großes oder etwas Kleines sein: ein Erfolg, den du gefeiert hast, oder der Kaffee, den du dir vor der Fahrt nach Hause noch ganz in Ruhe gegönnt hast. Es ist nicht wichtig, was du notierst. Wichtig ist, dass du dir den Moment des Erlebens beim Aufschreiben mit all deinen Sinnen zurückholst und ihn nochmals erlebst. Das macht dich nicht nur in diesem Moment des Aufschreibens glücklich, das verändert auf Dauer auch deine Wahrnehmung im Laufe eines Tages beim Erleben dieser Dinge. Dein Alltag wird intensiver und wertvoller, deine Wahrnehmung für die Kostbarkeiten schärfer und dein Herz noch größer. Damit strahlst du auf Dauer natürlich etwas anderes aus, als wenn du den Großteil des Tages in Bewertung und Ablehnung unterwegs bist. So offenbaren sich dir automatisch schönere Situationen, angenehmere Reaktionen und intensivere Erlebnisse.

Nach dem Notieren dieser fünf Momente notiere bitte drei weitere Erlebnisse in deinem Büchlein, die noch nicht eingetreten sind. Behandle sie aber auf dieselbe Weise wie deine zuerst genannten fünf Erlebnisse. Nach dem Notieren dieser drei Erlebnisse suchst du dir eine Sache, die explizit nicht positiv ist, sondern die ein Außenstehender als negativ, mindestens aber neutral bewerten würde. Such nach dem Teil darin, für den du aufrichtig Dankbarkeit spüren kannst. Dein Kind war frech und respektlos? Wie wunderbar, dass es sich so zeigen kann und deine Ablehnung nicht fürchten muss. Der Lehrer deines Kindes ist einfach untalentiert und du fürchtest um das Wohlergehen deines Kindes? Wie wundervoll, dass es in deiner Begleitung daran wachsen darf und lernen kann, dass die Handlungen eines Dritten keine Ablehnung seiner Person darstellen müssen. Dein Partner hört dir mal wieder nicht zu? Wie dankbar du sein kannst, festzustellen, dass du alleine darüber entscheiden kannst, wie du das findest. Nutz dabei alle deine Sinne.

Bitte führ das Dankbarkeitstagebuch auf diese Weise für mindestens acht Wochen und entscheide dann, ob du es fortführen magst.

Dankbarkeit für Kinder

Falls du es noch nicht tust, pflege diese Dankbarkeit mit deinem Kind, am besten beim Ins-Bett-Bringen, und konzentriere dich dabei ausschließlich auf die positiven Aspekte. Ihr müsst es nicht aufschreiben, dein Kind kann auch malen oder dir einfach erzählen, was ihm heute gelungen ist. Findet gemeinsam drei Erfolge, für die es sich Anerkennung ausdrücken kann, indem es sie nochmals spürt. Dem großen Bruder heute keine Süßigkeiten weggenommen? Dem besten Freund in einem Streit beigestanden? Einen Baum erklettert? Kinder lieben Erfolge und den Zauber, sich darin in ihrer Stärke oder ihrem großen Herzen wiederzufinden. Die Zwei in Mathe gehört also eher selten zu den Erlebnissen, die ein Kind als einen Erfolg bewerten würde. Entdecke dein Kind doch mal dabei, herauszufinden, welche Werte es für sich bereits als wertvoll definiert hat.

Ressourcenliste

Schreib eine kleine Liste mit all den Dingen, die du für deine Ressourcen hältst. Starte gedanklich zum Bespiel mit Hobbys oder den Aktivitäten, die du immer gern mochtest, weil sie dich begeistert haben oder grundlos freudig machen, und finde die Essenz darin. Was an diesen Aktivitäten ist es, das dich nährt? Was ist deine Ressource? Wo in deinem Alltag findet sie Platz? Nährst du sie, indem du ihr gezielt nachgehst? Gezielt nachgehen bedeutet nicht, zweimal im Monat mit einem Freund ins Kino zu gehen. Es bedeutet, täglich für Momente zu sorgen, in denen du mit dieser Ressource verbunden bist. Es braucht keine Planung und keine Organisation, um deinem Verlangen nach Verbundenheit oder Stille für einige Minuten nachzukommen. Nein, auch nicht mit kleinen Kindern. Es braucht nur deinen Entschluss. Zieh ein Fazit: Was sind deine drei Hauptressourcen, wie nährst du sie bisher und wie willst du fortan mit ihnen umgehen? Setze dir ein realistisches Ziel, täglich fünf Minuten zum Beispiel, und dann setze es um.

Meditationen

Meditationen dürfen an dieser Stelle nicht fehlen, denn sie sind die Möglichkeit, dir selbst auf absichtslose Weise zu begegnen, nicht deinem Verstand, nicht deinen Gedanken und nicht deinem Bemühen, sondern dir. Es gibt mehr als 3000 Studien, die die Vorteile von Meditation wissenschaftlich belegen; insbesondere der Zusammenhang zwischen einer Reduktion depressiver Symptome und Angstsymptomatiken wurde mehrfach belegt. Filip Raes vom Centre of Psychology of Learning and Experimental Learning in Leuven kam in seiner mit Schülern durchgeführten Studie zu dem Ergebnis, dass die teilnehmenden Schüler nach sechs Monaten unter weniger Angst, Depressionen und Stress litten als nicht teilnehmende Schüler. Eine weitere besonders interessante Studie, ergänzt durch bildgebende Verfahren, stammt von Richard J. Davidson, Professor für Psychiatrie und Psychologie der Universität Madison, und belegt die Vorteile regelmäßiger Meditationen anhand von vom Dalai Lama persönlich gesandten Mönche. So konnten eine Zunahme der grauen Substanz und weitere signifikante Veränderungen im Gehirn wie eine verbesserte Kohärenz der beiden Gehirnhälften nachgewiesen werden. Und ganz nebenbei sorgen regelmäßige Meditationen für Wohlbefinden und einen achtsamen Zustand im Jetzt und der kommt dir in wirklich jeder stressigen Situation zugute.

Der Markt ist voll mit guten und schlechten Anleitungen, sodass ich dir an dieser Stelle keine Empfehlung für einen bestimmten Anbieter machen möchte. Die Geschmäcker sind hier wirklich sehr unterschiedlich und die Themen zahlreich: Während für den einen Körperreisen das Nonplusultra sind, benötigen andere viel Anleitung, und wieder andere nur wenig. Mich persönlich begeistern beispielsweise »binaurale Beats«. Es ist nicht wichtig, welche Meditation du durchführst, es ist nur wichtig, dass du sie durchführst. Wenn dir das Meditieren grundsätzlich nicht leichtfällt, sei dir sicher, das bleibt nicht so. Dein Geist ist es nur noch nicht gewohnt, still zu sein – dennoch sehnt er sich genau danach. Du könntest dann für den Anfang Körperreisen ausprobieren oder all jene Meditationen, die eine Visualisierungstechnik beinhalten. Das macht den Einstieg leichter für dich. Eine sehr alte Zenweisheit lautet übrigens: »Meditiere jeden Tag für 20 Minuten. Außer du hast keine Zeit dafür, dann meditiere eine Stunde.«

Mit der 5-Schritte-Lösung dein Leben gestalten

Was für eine Reise, liebe Leserin, lieber Leser! Danke für dein Vertrauen, sie mit mir zu begehen. Danke, dass du dich für dein Kind auf den Weg gemacht hast. So kannst du es später in eine Welt entlassen, die noch schöner sein wird als die Welt, die du einmal vorgefunden hast. Danke für deinen Mut, keine Kompromisse einzugehen in der Frage, wie vertrauensvoll, gleichwürdig, frei und gleichzeitig nah und verbunden eure Beziehung sich gestalten soll. Echte Nähe zu deinem Kind erfordert deine Innenschau und damit die Rückkehr in deine Intuition, und mit dieser Reise bist du ihr ein großes Stück näher gekommen. Du hast schon bemerkt, dass dies kein Buch ist, das du nach dem Durchlesen wieder zurück ins Regal stellst, sondern eins der Kategorie, das immer mal wieder durchstöbert, bearbeitet und im Inneren erkannt und manchmal auch gefühlt werden will. Ich verspreche dir, mit jedem Lesen wirst du Neues in ihm entdecken und damit deiner eigenen Wahrheit immer näherkommen. Danke, dass du mir dein Vertrauen geschenkt hast, dich auf dem Weg zu dir zu begleiten.

Ich möchte dich an dieser Stelle noch auf ein paar Stolpersteine aufmerksam machen, an denen dir das Leben gerne ein Bein stellen möchte. Darauf vorbereitet zu sein, hilft dir in diesem Fall dabei, gelassen daran vorbeizuspazieren. Jede dieser Fallen, die in dir bestimmte Gefühle verursacht, kannst du dir mithilfe der 5-Schritte-Lösung auch wieder vom Hals schaffen. So einfach ist das selbstbestimmte Leben mit deinem Kind.

1. Die größte aller Fallen: Handeln statt fühlen. Im Tun bist du gut, das Fühlen ist deine Herausforderung. Dich fühlen, die guten Gründe deines Kindes fühlen, deine Bedürfnisse mithilfe deiner Gefühle erfühlen, den Zugang in deine Intuition fühlen. Findest du dich im Hamsterrad aus Anspruch und Tun wieder, bist du müde und erschöpft und fragst dich, was du als Erstes, als Nächstes oder nun schon wieder tun sollst, lautet die Antwort immer: erst fühlen, dann tun. Zurück zu Schritt 1.
2. Du findest dich in Konflikten wieder, die das Nichtbefolgen von Regeln zum Inhalt haben. Regeln sind idealerweise für euer Zusammenleben da und nicht für eure Bedürfnisse, weshalb es gar nicht so viele Regeln braucht. Es liegt in der Natur der Sache, dass eure Bedürfnisse auch mal kollidieren, und je jünger dein Kind ist, desto weniger gut geht das für deine Bedürfnisse aus. Dann heißt es jedoch Verhandeln, nicht Verregeln, und eine Lösung finden, die sich für euch beide gut anfühlt. Wieder und wieder und wieder.
3. Du willst immer wieder Fehler vermeiden und setzt dich damit unter Druck. Das verursacht Stress und trennt dich wiederum von dem Alltag, den du dir eigentlich wünschst. An deinen Fehlern wächst dein Kind. Wärst du unfehlbar, würde es das unter den enormen Druck setzen, so gut sein zu wollen wie du. Das willst du doch nicht. Lass dich beim Fehlermachen von deiner Umgebung für falsch halten. Solange du dich dabei richtig fühlst, läuft alles nach Plan. Fühlst du dich dabei nicht richtig: Zurück zu Schritt 1.

4. Die Ich-kann-es-besser-als-mein-Partner-Falle: Je früher du sie bemerkst, desto besser für eure Beziehung, dein Kind und dein Energielevel. Es braucht dein Vertrauen in deinen Partner, dass er oder sie die Dinge anders, aber nicht schlechter löst als du, und es braucht Vertrauen in dein Kind, dass es genau damit umgehen kann. Wie soll es das, wenn du ihm das nicht zutraust? Und wie soll dein Partner oder deine Partnerin es besser können, wenn du das Vertrauen nicht aufbringst? Mach ein wenig Platz auf dem Platz des Wissenden und sei bereit, dazuzulernen. Vertrauen ist das Thema dahinter, das du dir abermals in der 5-Schritte-Lösung anschauen kannst.
5. Du kannst eine Reaktion deines Kindes oder sein Verhalten bei bestem Willen nicht nachvollziehen? Denk mal darüber nach, ob du wirklich jede Reaktion und jedes Verhalten nachvollziehen, verstehen oder fühlen musst oder ob die Dinge nicht einfach mal für sich stehen bleiben dürfen, ohne dass du sie begreifst. Frage dich außerdem, was dein Kind in Bezug auf dieses Verhalten oder diese Reaktion von dir gelernt haben könnte. Gerade dann, wenn du dir das Gegenteil dessen wünschst, was sich zeigt, liegt etwas in deiner Haltung, woraus dein Kind bereits Schlüsse gezogen hat. Frage dich also stets, was es tatsächlich lernt, und nicht, was es lernen soll.
6. Du hast Zweifel, Selbstzweifel und die Gewissheit, dass dein Kind eine bessere Mutter, einen besseren Vater als dich verdient hat? Lass sie vorbeiziehen. Zweifel stellen sicher, dass du dich hinterfragst und auf dem Weg zu deiner Intuition bleibst. Für dein Kind bist du bereits perfekt. Je früher du ihm das glaubst, desto schöner für euch beide. Für das Außen gilt: Nur die Personen, deren Meinung

du einlädst, sollten auch Meinung verkünden dürfen. Das gilt sogar für diejenigen, deren Meinung du dein Kind ausgeliefert siehst. Bleib klar in deiner Haltung, wenn du diese Meinungen nicht vermeiden kannst. Eine Sache hat viele Perspektiven. Jede geschilderte Sicht auf dein Kind ist immer nur Ausdruck der Perspektive desjenigen, der sie äußert. Sie ist nicht wahrer als deine oder die deines Kindes und auch nicht wichtiger. Nicht mal dann, wenn es sich so anfühlt. Diesen Punkt könntest du dir nochmals mithilfe der 5-Schritte Lösung anschauen.

7. Du fühlst dich wie ein Alien. Allein mit deiner Cycle-Breaker-Haltung, allein mit deiner Einstellung, das Wesen deines Kindes und den Zugang in sein Potenzial zu wahren, allein mit deinen eigenen Themen, die dir an manchen Tagen so viele und so unlösbar erscheinen. Das bist du nicht. Such dir Gleichgesinnte. Gemeinsam lässt es sich leichter und angenehmer »anders« sein, weil du dann feststellst, dass es den meisten Eltern um dich herum ähnlich ergeht wie dir. In jeder Bewertung, die dir von Außenstehenden begegnet, in jedem Urteil, das dir ungefragt über dich als Mutter serviert wird, liegt deren Angst, nicht deine. Gib sie einfach zurück.
8. Die Ich-mache-es-anders-aber-es-funktioniert-nicht-Falle: Dieser Eindruck kann stimmen, denn die Dinge anders zu ***machen***, ist nicht ausreichend. Du musst sie anders ***fühlen***. Haltung sticht Handlung. Was hält dich ab, zu fühlen?
9. Möglicherweise durchschaut dein Kind deine ergebnisorientierte Haltung? Wenn du glaubst, einfach nur alles umsetzen zu müssen, damit dein Kind sich am Ende auf die Art entwickelt, die du dir zu Beginn gewünscht hast, fehlen deine Ergebnisoffenheit, deine Erwartungsfreiheit und

dein Vertrauen. Was soll es also anderes tun, als deine bedingungslose Akzeptanz einzufordern, indem es ganz sicher nicht tut, was du dir still und heimlich gewünscht hast? Deine Chancen darauf steigen exorbitant, wenn du wirklich losgelassen hast, was du dir für es wünschst, und es mit Vertrauen in es ersetzt, dass seine Entscheidungen nur ihm entsprechen müssen und ihm das dauerhaft nur gelingen wird, wenn du es Fehler üben lässt.

10. Hilflosigkeit. Fiese Falle. In ihr sehnst du dich nach Bestrafung, Konsequenzen, Belohnung und all dem überholten Zeug, das dich am Ende von deinem Kind trennt, weil du nicht weißt, was du tun sollst, weil dir Klarheit fehlt, weil du ein Gefühl nicht aushältst, weil du ein anderes Ergebnis brauchst als jenes, das dein Kind zu liefern bereit ist. Suche mit der 5-Schritte-Lösung abermals nach der Ursache, wenn du dich hilflos fühlst.
11. Fehlende-Erlaubnis-Falle. Es ist in Ordnung, mal keine Haltung zu haben. Es ist okay, mal keine Lust auf innere Auseinandersetzung zu haben. Es ist okay, alles blöd zu finden, dich, die Welt, dein Kind. Es ist okay, keinen Spaß an allem zu haben, bis sich der Spaß wieder einstellt. Es ist okay, weil du okay bist.

Eine vertrauensvolle und innige Beziehung zu deinem Kind zu haben bedeutet nicht, fortan alles »richtig« zu machen, sondern ein langes, gemeinsames Leben lang an der Beziehung zu arbeiten, die aushält, dass du Fehler machst, während du die Verantwortung für dich und deine (ungesehenen) Gefühle übernimmst, dich mit dir und deinem Kind ursächlich auseinandersetzt und fortwährend bereit bist, dich weiterzuentwickeln. Beziehung ist, wenn du das Leben darin anerkennst. Echt nah.

Anhang

Danksagung

Ich möchte mich bei Jutta Wimmer bedanken, die der Meinung war, dass dieses Buch geschrieben werden muss, und die diesen Weg geebnet hat. Mein Dank an dich passt in keinen Blumenstrauß der Welt.

Mein Dank gilt auch meinem Lektor Gerhard Plachta. Danke für Ihren Glauben an dieses Buch, fürs Vertrauen in mich, selbst bei Abgabe eines unterirdischen Erstexposés, und für jedes Ihrer achtsamen und freundlichen Worte. Ich habe mich sehr wohlgefühlt bei Ihnen.

Danke an die vielen Eltern, Klient*innen und Kursteilnehmer*innen, die wir auf dieser Reise zurück zu sich selbst begleiten durften. Danke für euren Mut, eure Hingabe und eure Bereitschaft, euch auf euch selbst einzulassen – für euch und vor allem für eure Kinder. Ihr seid wahre Cycle Breaker und die Arbeit mit euch macht mich demütig. Und wahnsinnig glücklich.

Den Spielplatzerbauern der Stadt Saarbrücken, den Betreibern der Saarbrücker Schwimmbäder, den Pizzalieferdiensten der Stadt und den Inhabern der ansässigen Cafés gilt ebenfalls mein Dank. Ohne euch hätte ich dieses Buch, auch mit allergrößter Geduld meiner Kinder, nicht inmitten der Sommerferien zu Ende bringen können.

Danke meinen wahren Lehrern, meinen drei Kindern. Ohne euch gäbe es dieses Buch nicht.

Literaturhinweise

Kabat-Zinn, Jon: *Achtsamkeit für Anfänger* (mit Audio-CD). Freiburg i. Br.: Arbor 2013

König, Verena: *Bin ich traumatisiert? Wie wir die immer gleichen Problemschleifen verlassen.* München: GU 2021

Lakhiani, Vishen: *Definiere dich neu. Das Update für ein außergewöhnliches Leben.* Rosenheim: Momanda 2019

Largo, Remo H.; Czernin, Monika: *Glückliche Scheidungskinder. Was Kinder nach der Trennung brauchen.* München: Piper 2015

Levine, Peter: *Trauma und Gedächtnis. Die Spuren unserer Erinnerung in Körper und Gehirn. Wie wir traumatische Erfahrungen verstehen und verarbeiten.* München: Kösel, 4. Aufl. 2022

Petitcollin, Christel: *Ich denke zu viel. Wie wir das Chaos im Kopf bändigen können.* München: Arkana 2017

Servan-Schreiber, David: *Die Neue Medizin der Emotionen. Stress, Angst, Depression: Gesund werden ohne Medikamente.* München: Goldmann, 33. Aufl. 2020

Shapiro, Francine: *EMDR – Grundlagen und Praxis. Handbuch zur Behandlung traumatisierter Menschen.* Paderborn: Junfermann, 3., überarb. Aufl. 2012

Silva, José; Miele, Philip: *Silva-Mind Control. Steigerung der Kreativität und Leistungsfähigkeit des menschlichen Geistes.* Berlin: Ullstein 2004

Stahl, Stefanie: *Das Kind in dir muss Heimat finden. Der Schlüssel zur Lösung (fast) aller Probleme.* München: Kailash, 37. Aufl. 2021

Tolle, Eckhart: *Jetzt! Die Kraft der Gegenwart.* Bielefeld: J. Kamphausen Verlag 2010

Tsabary, Shefali: *Entdecke dich selbst durch dein Kind. Wie wir Kinder achtsam erziehen, indem wir Veränderung in uns selbst zulassen.* München mvg, 3. Aufl. 2020

van der Kolk, Bessel: *Verkörperter Schrecken. Traumaspuren in Gehirn, Geist und Körper und wie man sie heilen kann.* Lichtenau: G. P. Probst, 7. Aufl. 2021

Wimmer, Jutta: *So macht Schule wieder Spaß. Die 10 größten Lernlustkiller überwinden.* München: Bassermann 2021